AS CARTAS DOS ORIXÁS

CELINA FIORAVANTI

AS CARTAS DOS ORIXÁS

A resposta dos Orixás para todas as suas dúvidas sobre amor, saúde e dinheiro

Ilustrações de
VAGNER VARGAS

Editora Pensamento
SÃO PAULO

Copyright © 2006 Celina Fioravanti.
Copyright © 2009 Editora Pensamento-Cultrix Ltda.
1ª edição 2009.
2ª edição 2020. - Essa edição possui capa e embalagem novas, mas o conteúdo do livro se mantém inalterado.
2ª reimpressão 2023.

Ilustrações das cartas de Vagner Vargas.

Todos os direitos reservados. Nenhuma parte deste livro pode ser reproduzida ou usada de qualquer forma ou por qualquer meio, eletrônico ou mecânico, inclusive fotocópias, gravações ou sistema de armazenamento em banco de dados, sem permissão por escrito, exceto nos casos de trechos curtos citados em resenhas críticas ou artigos de revistas.

A Editora Pensamento não se responsabiliza por eventuais mudanças ocorridas nos endereços convencionais ou eletrônicos citados neste livro.

Dados Internacionais de Catalogação na Publicação (CIP)
(Câmara Brasileira do Livro, SP, Brasil)

Fioravanti, Celina	
As cartas dos orixás: a resposta dos orixás para todas as suas dúvidas sobre amor, saúde e dinheiro; Celina Fioravanti; ilustrações de Vagner Vargas. — São Paulo: Editora Pensamento 2020.	
ISBN 978-85-315-2095-2	
Cartas 2. Ocultismo 3. Ocultismo e ciência 4. Oráculos 5. Orixás I. Vargas, Vagner. II. Título.	
19-29164	CDD - 133.3242

Índices para catálogo sistemático:

1. Cartas dos orixás: Ocultismo 133.3242
Iolanda Rodrigues Bionde - Bobliotecária - CRB-8/10014

Direitos reservados
EDITORA PENSAMENTO-CULTRIX LTDA.
Rua Dr. Mário Vicente, 368 — 04270-000 — São Paulo, SP
Fone: (11) 2066-9000
E-mail: atendimento@editorapensamento.com.br
http://www.editorapensamento.com.br
Foi feito o depósito legal.

Sumário

Introdução	7
Consulta inicial ao baralho	11
Como obter uma resposta dos Orixás	21
A carta de EXU	25
A carta de OGUM	35
A carta de OXÓSSI	43
A carta de XANGÔ	53
A carta de OMULU	61
A carta de OXALÁ	69
A carta de IANSÃ	79
A carta de IEMANJÁ	89
A carta de OXUM	99
A carta de NANÃ	107
A carta de EUÁ	117
A carta de OBÁ	127
A carta de OSSÃE	135
A carta de OXUMARÉ	145

A carta de LOGUM EDÉ 155

A carta dos IBEIJIS 165

Como fazer uma leitura completa 171

Palavras-chave para os temas 172

Palavras-chave para as cartas de interpretação 175

Combinações com EXU 176

Combinações com OGUM 177

Combinações com OXÓSSI 178

Combinações com XANGÔ 179

Combinações com OMULU 180

Combinações com OXALÁ 181

Combinações com IANSÃ 181

Combinações com IEMANJÁ 182

Combinações com OXUM 183

Combinações com NANÃ 184

Combinações com EUÁ 185

Combinações com OBÁ 186

Combinações com OSSÃE 186

Combinações com OXUMARÉ 187

Combinações com LOGUM EDÉ 188

Combinações com IBEIJIS 189

Outra maneira de usar as duplas de cartas 191

Introdução

Um oráculo é um sistema de símbolos organizado com o objetivo de estabelecer um método pelo qual os seres humanos possam receber mensagens dos deuses. O uso de oráculos é ancestral, e todas as culturas sempre fizeram uso de um ou de mais sistemas oraculares para entender aquilo que não é acessível ao entendimento comum. O oráculo avisa, prevê, orienta, aponta caminhos possíveis. Quem não quer ter por perto uma ajuda assim?

Existem muitos oráculos, alguns mais conhecidos, outros nem tanto. Cada um deles tem as suas peculiaridades e usa ferramentas próprias para estabelecer a comunicação com o mundo espiritual. Aquele que se prepara para entender as mensagens de um oráculo precisa estudar os símbolos que o compõem, pois o oráculo se expressa por meio de símbolos arquetípicos, que estão interiorizados em todos os seres humanos. O conhecimento intuitivo do simbolismo pode fluir espontaneamente, mas na maior parte das vezes ele está esquecido e é preciso estudar para lembrar.

Quando estudamos oráculos, vemos algumas relações interessantes entre eles. Isso é compreensível, pois o ser humano é o mesmo ao longo dos séculos. O tempo passa, muda a cultura, há mais progresso científico, mas a alma humana é sempre a mesma. Sempre vamos encontrar o homem poderoso, a mulher maternal, o jovem inexperiente. Sempre haverá inveja, alegria, ciúme, amor, doença, falta de dinheiro e tantas outras coisas que compõem a vida de cada pessoa.

Quem estuda um oráculo acha o tema difícil no começo. Como codificar tudo o que existe e usar para isso apenas alguns poucos símbolos para múltiplos significados? Mas depois que se entende o processo delicado de análise das relações simbólicas, a tarefa fica mais fácil, e quem insiste sempre tem resultados positivos.

Quase nunca se estuda apenas um oráculo. Depois do primeiro, o buscador sempre quer aprender outro. Comigo foi assim. Comecei com o estudo dos Orixás e da Astrologia quase ao mesmo tempo. Dois oráculos tão diferentes e tão próximos, mas igualmente ricos e com possibilidades muito amplas. Cada um deles me proporcionou um saber importante. Depois encontrei o tarô, um oráculo que também me encantou.

Foi com os Orixás que entendi um pouco mais da alma humana. É verdade, os Orixás estão muito próximos de nós; diz a lenda que a maioria já foi ser humano. Eles não são modelos perfeitos de conduta, nem são irreais. Viveram primeiro como seres humanos e depois se transformaram em forças da natureza.

Veremos que o mar representa o reino de Iemanjá, a rainha das águas do mar. Iemanjá, no entanto, foi uma bela mulher aqui na Terra, que fugiu de um marido insensível e ríspido que não a entendia, para buscar a felicidade perto da casa de seu pai, que era rei dos mares. Ela se tornou, posteriormente, o símbolo que representa as dádivas que o próprio mar nos concede.

Cada Orixá tem a sua história, que conta sobre o tempo em que ele era um ser humano. Nessa história, está a origem do seu poder e as ligações simbólicas que constituem o seu valor arquetípico.

Acostumada a trabalhar com oráculos, eu estava devendo aos Orixás um livro que simplificasse as mensagens que eles têm para nos transmitir. Na tradição religiosa, os Orixás falam por meio do jogo de búzios, mas tal saber é reservado a quem faz parte do culto. Também existe o jogo esotérico, que usa a análise dos símbolos, mas não entra no terreno do culto religioso. Eu quis fazer algo que pudesse ser usado pelos místicos em geral, com fundamentos corretos e uma boa dose de informação, mas que desobrigasse o consulente de seguir uma crença religiosa para aplicar esse saber.

A base do meu trabalho está nas imagens dos Orixás que encomendei ao meu parceiro de outros livros, o artista plástico Vagner Vargas. Sobre essas belas imagens, transformadas em cartas para facilitar o manuseio, escrevi um texto que permite ao leitor entender o que cada Orixá tem a nos dizer.

Foram observadas as regências tradicionais dos Orixás sobre cada assunto e mantidas as bases oraculares do jogo de búzios. O Orixá se relaciona de uma maneira só sua com as mais variadas questões e isso não pode ser mudado. Isto é, o Orixá fala com muita propriedade sobre temas como dinheiro, saúde e amor e faz isso usando sempre a mesma relação simbólica. E o que ele diz difere do que outro Orixá terá a dizer.

Assim, quando você quiser saber sobre qualquer tema, basta perguntar a um Orixá. Para facilitar o uso das cartas, vou sugerir algumas formas de consulta ao oráculo, todas muito simples. Não será preciso estudar primeiro os símbolos para poder entender o que vai ser comunicado, pois as mensagens já estarão traduzidas e interpretadas.

Consulta inicial ao baralho

Embaralhe as cartas. Em seguida, espalhe-as diante de você, com as figuras voltadas para baixo. Retire uma carta ao acaso, pensando no seu desejo de receber a mensagem inicial de um Orixá. Evite fazer uma pergunta, pensar num problema ou dirigir o pensamento para qualquer tipo de busca informativa. O objetivo desse primeiro contato é fazer uma conexão com o Orixá que quer falar com você em primeiro lugar.

Leia a mensagem correspondente ao Orixá da carta que você pegou. Ela terá a função de lhe transmitir aquilo que esse oráculo, por meio do Orixá que se manifestou, julga ser o mais importante para você neste momento.

SE VOCÊ TIROU A CARTA DE EXU

Exu é o mensageiro dos deuses, não é um Orixá malvado, como muitos pensam. Ele pode, de fato, ser um pouco confuso ou destituído de moral, levando qualquer mensagem sem selecionar o conteúdo, mas, por outro lado, sem ele os seres humanos não se comunicariam com os outros Orixás. A função de Exu é muito importante. Não se assuste se tirar a carta desse Orixá.

Ele quer avisar que todos os Orixás vão falar com você, cada um no momento mais apropriado. Ele pode estar querendo dizer também que o seu caminho espiritual é importante e precisa ser levado a sério, para que a sua evolução se concretize. E lembre-se: Exu traz mil possibilidades, amplia os horizontes e gosta de quem vive com alegria.

SE VOCÊ TIROU A CARTA DE OGUM

Ogum é um guerreiro muito poderoso e cheio de força física, mas que tem a cabeça quente. Quando ele fala, sempre anuncia vitória, mas é um resultado que chega depois de muita luta. Os avisos dele são para evitar a raiva e os atos impulsivos, que seriam destrutivos para você neste momento. Nada de força bruta ou violência; descarregue a sua energia nos esportes. Se quiser fazer conexão com Ogum, pegue algum objeto de ferro nas mãos e sinta como ele lhe transmite um pouco da sua poderosa energia. Ogum representa o pai, portanto, talvez a sua carta queira dizer que é uma boa hora para você se aproximar do seu pai. Tente fazer isso, nem que seja mentalmente.

SE VOCÊ TIROU A CARTA DE OXÓSSI

Oxóssi é um guerreiro inteligente, que não usa a força bruta; ele prefere o diálogo para vencer os obstáculos. Esse guerreiro, quando jovem, tinha apenas uma flecha para derrotar o Pássaro do Medo, que ameaçava destruir a sua aldeia. Ele acertou o peito da ave com a sua única flecha e acabou por matá-la. Por isso se diz que Oxóssi faz muito com poucos recursos e que só age quando tem certeza. Ele adora o verde das matas e precisa ser livre para expressar as suas qualidades. Se você tirou a carta de Oxóssi, a mensagem dele é a respeito do uso correto da liberdade e do livre-arbítrio. É um momento importante para avaliar as suas necessidades e comunicar as suas decisões, sempre procurando ver os dois lados de qualquer questão. Não deixe que o medo ou a timidez impeçam os seus passos. Oxóssi representa os irmãos e as irmãs, portanto, talvez seja bom se aproximar de um deles neste momento.

SE VOCÊ TIROU A CARTA DE XANGÔ

Xangô era um rei com muitas posses e sempre em busca de mais conquistas e riquezas, que procurava em terras remotas. Ele usava o seu poder para fazer justiça e manter a prosperidade dos seus súditos. A carta de Xangô é uma indicação de que você deve ajudar os fracos e amparar os necessitados, pois para você mesmo não precisará fazer muito; os céus enviarão uma bela colheita. Qualquer assunto que não esteja seguindo um curso favorável deve agora ser resolvido por meio da lei e dos tribunais, pois a justiça dos seres humanos está a seu favor neste momento. Queira apenas o que é justo e você receberá a recompensa.

SE VOCÊ TIROU A CARTA DE OMULU

Omulu é médico, é o Orixá curador. Ele é reservado e discreto, oculta sua imagem sob um manto de palha, mas é tão belo que brilha como Sol – se exposta, sua figura resplandecente poderia cegar. Se você tirou a carta de Omulu, saiba que esse é um momento que pede calma e prudência, por isso aja sem precipitações nem pressa. O melhor agora é avaliar e planejar. Outra mensagem de Omulu é para que você faça um *check-up* da sua saúde; talvez um tratamento médico simples possa resolver algo que esteja incomodando. Mas busque um especialista, um médico que não seja inexperiente.

SE VOCÊ TIROU A CARTA DE OXALÁ

Oxalá é o Orixá maior, o mais respeitado e sério. Ele representa a fé, a nossa ligação com Deus e a paz. Se você tirou a carta de Oxalá, a mensagem é de harmonia, tranquilidade e equilíbrio. É provável que esteja para receber uma bênção, algo que espera há algum tempo. O uso da razão trará bons resultados. Haverá tempos melhores em breve, quando você estará mais feliz, saudável e com muito amor no coração.

SE VOCÊ TIROU A CARTA DE IANSÃ

Iansã é uma guerreira livre como o vento, ao qual ela está associada. Às vezes briguenta, é também muito corajosa e luta a favor dos indefesos. Quando a carta que aparece é a de Iansã, a mensagem é referente à vontade de lutar, que pode estar adormecida no interior da sua alma. Esta carta também pode se referir ao excesso de energia projetada num objetivo que não é tão importante. Pense se a sua luta não precisa ser reformulada e procure descobrir se não desistiu de alguma coisa precipitadamente. O grande inimigo anunciado por Iansã é o desânimo, que faz abandonar projetos e metas. Ela gosta de vermelho e também de se exibir, destacando-se no meio da multidão. Faça como ela, use seus potenciais para aparecer e se destacar. Não gaste muito dinheiro nem faça compras para compensar carências afetivas.

SE VOCÊ TIROU A CARTA DE IEMANJÁ

Iemanjá é a rainha dos mares, representação da beleza, do amor, da vida marinha. Ela só fica onde se sente bem e só ama quando é bem tratada. Assim, se você tirou a carta dela, há muitas mensagens. Primeiro: cuide de você e da sua aparência, isso vai ser importante. Veja como anda sua autoestima e preste atenção se os ambientes que frequenta estão exercendo uma influência benéfica sobre você. É o momento de usar a diplomacia para resolver conflitos, pois brigas não trarão soluções favoráveis. Uma retirada estratégica pode ser a melhor saída agora. Se quiser viajar, pode fazer planos e organizar tudo, pois esse assunto está sob a proteção de Iemanjá.

SE VOCÊ TIROU A CARTA DE OXUM

Oxum é a dona do ouro, a representação da fertilidade sobre todo o mundo, como as águas doces com as quais ela tem ligação. Oxum é doce, amável, maternal, amorosa. Ela não vai atrás, as coisas chegam até ela. Assim, se a carta que você tirou é a de Oxum, a mensagem é de melhorias materiais na sua vida, com expansão no amor e no dinheiro. Às vezes Oxum vem para anunciar que é preciso mais proximidade com a mãe ou com a madrinha, pois isso trará muita alegria e felicidade. O excesso de sensibilidade pode causar uma crise de choro ou melindres. Evite deixar que coisas pequenas interfiram no seu bem-estar físico e mental.

SE VOCÊ TIROU A CARTA DE NANÃ

Nanã é a Orixá anciã, a dona do barro com o qual os seres humanos foram feitos. Ela representa a sabedoria da idade e a experiência da vida, por isso é uma boa conselheira. A primeira mensagem da sua carta diz para você visitar seus avós ou ouvir os conselhos de uma pessoa idosa, que pode lhe ajudar neste momento. Aquilo que preparamos para a velhice está regido por Nanã, portanto, pense agora em assuntos como herança, aposentadoria e imóveis, deixando tudo bem organizado. Se for muito jovem e acha que não precisa pensar ainda nessas coisas, a carta mostra que vai viver bastante, mas quanto antes preparar sua velhice, melhor.

SE VOCÊ TIROU A CARTA DE EUÁ

Euá representa a mulher perfeita, aquela que só tem qualidades e nenhum defeito. Ela está associada ao céu cor-de-rosa, característico do começo do dia e do entardecer. Se você tirou a carta dela, terá um momento especial em qualquer associação que tenha feito, seja ela de negócios ou afetiva. Euá facilita o casamento e a gestação que demoram para acontecer. Ela prepara uma mesa em que há fartura e felicidade. Tudo isso ela quer para você.

SE VOCÊ TIROU A CARTA DE OBÁ

Obá anuncia questões delicadas ou contratempos, que só serão superados depois de muita dor de cabeça. Se você tirou esta carta, o conselho para o momento é não fazer dívidas, não entrar em conflitos com mulheres nem se deixar levar pela opinião alheia. Obá perdeu uma orelha porque a convenceram de que Xangô gostava de orelha cozida na comida. Por isso ela colocou a sua própria orelha na panela. Foi assim que perdeu também o marido, pois Xangô a repudiou, com nojo da refeição preparada por ela. Mantenha o discernimento e use o bom-senso em suas ações. Faça isso e terá menos dor de cabeça.

SE VOCÊ TIROU A CARTA DE OSSÃE

Ossãe é o Orixá das folhas, com as quais ela prepara remédios para todas as doenças; por isso ela representa a cura. Ela mora na mata com Oxóssi. Ossãe é discreta e se esconde entre as folhagens. Quando é dela a carta retirada, isso indica que não é hora de aparecer nem se destacar muito; prefira ficar na sombra e estará mais protegido. Ela é também aviso de sorte e mudanças para melhor, em todas as áreas da vida. Ossãe pede para você aprender a cobrar pelo que faz, pois pode estar trabalhando muito para ter poucos rendimentos. Ossãe nunca trabalhou de graça aqui na Terra.

SE VOCÊ TIROU A CARTA DE OXUMARÉ

Oxumaré é o Orixá ligado ao arco-íris, também representado por uma serpente que morde a própria cauda. Durante seis meses do ano ele é uma bela jovem, e nos outros seis meses ele é uma serpente. Assim, se você tirou a carta de Oxumaré, isso significa que passará por momentos de oscilação, vivendo dias bons e dias complicados. O principal aviso de Oxumaré se refere a inimigos e intrigas, que podem aparecer como de modo inesperado. Fale pouco, não diga o que pensa e fique de guarda por seis meses; depois desse tempo, tudo passará, indo embora como veio, de repente.

SE VOCÊ TIROU A CARTA DE LOGUM EDÉ

Logum Edé é um Orixá muito alegre e sociável; tudo nele é mais leve. Ele está representado pelo cavalo-marinho, um animal encantado. É filho de Oxóssi e Oxum, um caçador sobre as águas e uma rainha nas matas. A dualidade, portanto, é uma de suas características. Ele rege as amizades, as festas e o lado menos árduo da vida. Se você tirou a carta de Logum Edé, este é um bom momento para se divertir e buscar a companhia dos amigos. Mas evite escândalos, exposição da sua vida pessoal e gastos exagerados.

SE VOCÊ TIROU A CARTA DE IBEIJIS

Essa dupla de Orixás gêmeos representa as crianças. Eles são a novidade, a leveza e o lado doce da vida. Quem tira a carta dos Ibeijis receberá em breve uma notícia feliz, vai descobrir uma novidade ou poderá ver a chegada de uma nova criança na família. Quando esta carta aparece, devemos nos lembrar das crianças (as nossas e as outras), pois elas têm uma espécie de energia da qual estamos carentes. Deixe reviver a criança que tem dentro de si, comendo um doce gostoso numa confeitaria ou tomando um enorme sorvete, cheio de cobertura. Se preferir algo mais *diet*, vá assistir a um filme infantil que na sua infância era especial para você.

Como obter uma resposta dos Orixás

Pegue as 16 cartas. Separe a carta de Exu e coloque-a sobre as outras, com a figura voltada para você. As outras devem ficar com a face oculta. Coloque as mãos sobre o maço de cartas por um minuto e depois embaralhe algumas vezes.

Espalhe as cartas diante de você. Olhe para a carta de Exu e concentre-se na pergunta para a qual precisa de uma resposta dos Orixás. Depois vire para baixo a figura da carta de Exu e coloque-a entre as outras, pois ele também poderá responder.

Tire uma das 16 cartas que estão à sua frente. Essa é a carta do Orixá que vai lhe responder. Leia a mensagem, procurando interpretá-la de acordo com a pergunta.

O texto explicativo de cada carta está dividido em **aviso**, **amor**, **dinheiro e profissão** e **saúde**.

A seção **aviso** refere-se a algo que nem sempre tem relação com a pergunta feita, mas que o Orixá acha importante você saber. Na seção **amor**, você vai encontrar respostas sobre assuntos familiares e sentimentais. Em **dinheiro e profissão**, estão mensagens relativas à vida financeira e ao trabalho. Na seção **saúde**, há informações sobre cura e doenças.

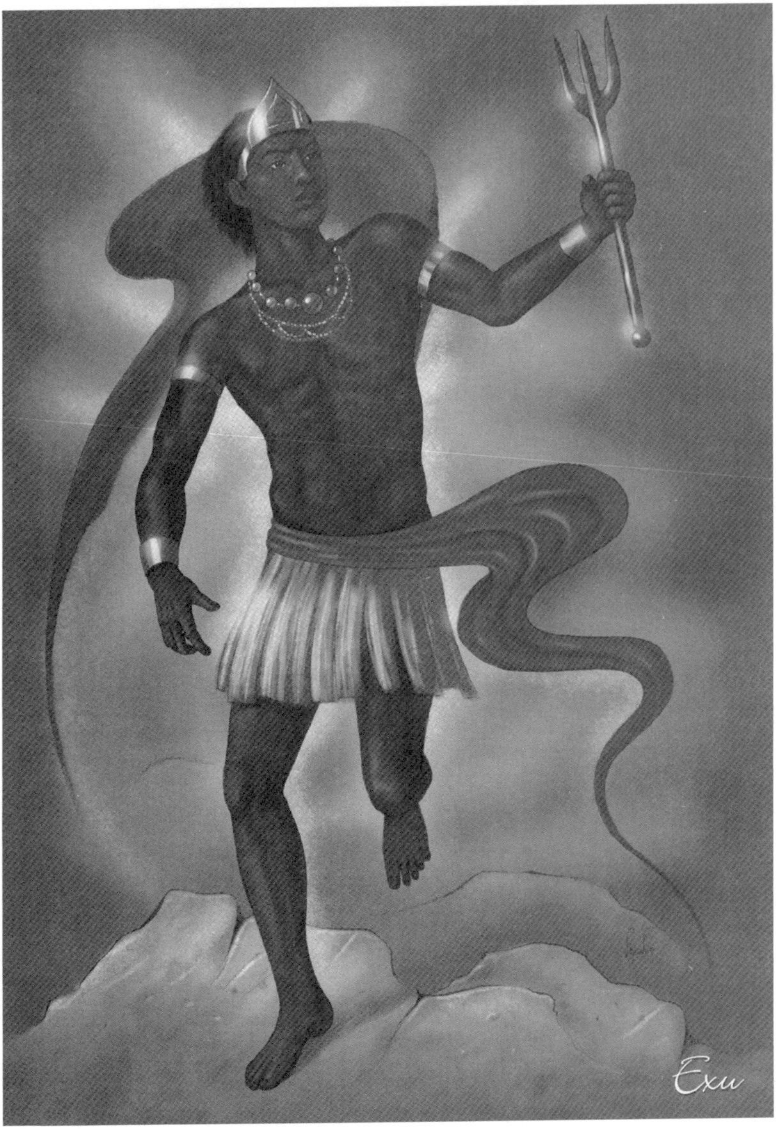
Exu

A carta de Exu

A lenda conta que, se Exu não estiver no início das coisas, ele vem para atrapalhar tudo com suas brincadeiras. Sem Exu, nenhuma das nossas perguntas chega aos outros Orixás, e as mensagens deles também não chegam até nós. Portanto, sempre comece por Exu.

Vamos imaginar um Exu diferente da imagem pejorativa que muitos lhe atribuem. Ele não é o símbolo do mal total, é um ser imaturo que precisa evoluir, um ser que erra muito, tal como nós. Exu tem um lado simpático e um lado confuso, como todo mundo. Mas tem potencial para aprender, só é preciso lhe dar tempo.

Exu é um arquétipo que representa o lado menos claro da nossa alma. Há na alma de cada pessoa um aspecto sombrio, que faz algumas coisas erradas, mesmo sabendo que não estão certas, mas ainda assim faz, por brincadeira ou por descuido. É por isso que se diz que todos têm seu Exu pessoal.

Quando a carta de Exu falar com você, para dar um aviso ou responder a uma pergunta, lembre-se das palavras-chave:

Início

Inexperiência

Descuido

Erro

Falta de bom-senso

Confusão

Engano

Desonestidade

Sem seriedade

Amoral

Falta de rumo

Energias espirituais negativas

O AVISO DE EXU

O aviso de Exu pede sempre cuidado. Cuidado para não ser enganado, cuidado para não ficar numa situação confusa, cuidado para evitar erros.

A falta de honestidade ou irresponsabilidade pode representar um entrave que virá atrapalhar os planos. Não é um momento para deixar as coisas fluírem sem estar atento.

Os inícios pedem escolhas bem pensadas. Se algo está começando, o bom resultado final vai depender das escolhas feitas. Por exemplo, um negócio ou um romance, quando iniciados sob a influência de Exu, não vão caminhar para a perfeita satisfação caso as escolhas feitas não sejam revistas.

Outro aviso importante: leve tudo o que está acontecendo muito a sério, avaliando cada novo passo com atenção e fazendo uma cuidadosa análise de cada fato que surgir.

Exu rege também o inesperado, por isso, podem surgir fatos novos, ainda não evidentes, que poderão modificar a situação atual. Geralmente a modificação não é para melhor, pois pode contrariar os planos estabelecidos.

A RESPOSTA DE EXU PARA O AMOR

Pelo pouco que já falamos sobre Exu, você já deve ter percebido que as situações afetivas e familiares, quando regidas por ele, não são muito tranquilas.

Para um amor que se inicia, a carta de Exu é um alerta de que ainda é cedo para se fazer definições e que é necessário conhecer bem a pessoa antes de se firmar um compromisso mais sério.

Há risco de que o consulente se engane no amor, acreditando em um ideal e não vendo a realidade com clareza, tal como ela é.

Quando Exu se pronuncia, não se aconselha misturar negócios com amor. Para evitar confusões, não faça sociedade nem empreste dinheiro para familiares ou para seu parceiro.

Exu não costuma anunciar infidelidade, mas pode mostrar muitos interesses fora do relacionamento, como várias amizades e festas das quais o consulente não participa.

A falta de amor à verdade pode se evidenciar, na forma de mentirinhas inocentes ou grandes mentiras. Isso pode quebrar a confiança entre namorados, cônjuges ou parentes.

Se você quer saber sobre uma pessoa, a carta de Exu avisa que essa pessoa às vezes é como ele: confusa, brinca com coisas sérias, nem sempre diz toda a verdade, prefere o que é mais fácil e sem compromisso, não tem ainda um rumo definido para o que deseja na vida. No entanto, talvez tudo isso passe quando chegar a maturidade emocional. A carta também pode mostrar que a pessoa em questão tem problemas espirituais que atrapalham sua vida.

A RESPOSTA DE EXU PARA O DINHEIRO E A PROFISSÃO

Se a pergunta está relacionada a finanças e trabalho, Exu não é a melhor resposta que se poderia obter do oráculo. Há Orixás que falam de forma mais favorável que ele sobre esses temas.

O dinheiro, quando regido por Exu, pode ser difícil de ganhar, mas ele vem. No entanto, ele representa mais um teste para quem o recebe. Caso venha em grande quantidade, há risco de ser mal aproveitado e gasto depressa. Se o dinheiro já foi ganho, há um risco de que ele seja roubado. Geralmente não se trata de um assalto, mas de uma perda em que o próprio dono do dinheiro facilita a aproximação de quem quer roubá-lo.

Portanto, negócios regidos por Exu envolvem enganos, fraudes, mentiras e perdas. Convém nem pensar na possibilidade de se fazer sociedades.

Exu também indica que o ambiente de trabalho está muito carregado por sentimentos negativos, o que gera mal-estar para quem ali trabalha. Pode haver inveja, disputas por poder, mentiras e enganos ou falta de disposição para fazer o que é certo e justo.

Para quem tem um emprego, Exu não é uma ameaça, mas ele indica que a empresa não está bem e pode sofrer algumas perdas. Para quem trabalha por conta própria, é um momento de muito esforço para obter resultados duvidosos.

Por outro lado, a entrada de dinheiro sempre costuma ser farta sob a influência de Exu. Entra muito, mas sai muito também. O dinheiro que Exu traz é transitório, não tem estabilidade. Os recursos geralmente são mal gastos ou roubados. Assim, ele só serve para algo de curta duração.

Se o consulente quer fazer negócios, Exu indica que é melhor deixá-los para mais tarde. O momento não é favorável. Se está querendo mudar de emprego, pode não achar algo melhor do que já tem. Para quem está desempregado, há oportunidades à vista, mas não se trata ainda do emprego ideal, por isso não será definitivo.

Exu rege as profissões menos formais. Todo trabalho ligado à espiritualidade, trabalhos informais e temporários. É mais a carta de um aprendiz do que de um profissional.

A RESPOSTA DE EXU PARA A SAÚDE

Cada Orixá rege uma parte do corpo. Quando o consulente tira a carta de um Orixá ao perguntar sobre a sua saúde, sempre deve prestar atenção na parte do corpo que ele rege.

Exu rege a respiração e a quantidade de energia que dispomos para uso físico. Assim, pense no nariz e na entrada do ar em primeiro lugar. Veja se isso tem apresentado algum problema e procure resolvê-lo antes que o mal-estar fique maior. Rinites, alergias respiratórias, má qualidade do ar na sua região, falta de ar, feridas no interior do nariz, parada respiratória durante o sono – tudo isso é possível.

Quando a carta de Exu fala sobre a saúde em geral, ela indica um estado de instabilidade orgânica. Geralmente há sempre uma coisa pequena interferindo no bem-estar.

Felizmente, Exu não anuncia doença grave, nem um período longo de doença. Ele só traz coisas pequenas, que incomodam, mas vão embora de repente, às vezes até mesmo sem tratamento.

A escolha do médico, quando Exu se apresenta, deve ser cuidadosa. Esse Orixá costuma provocar nos doentes sintomas que confundem a avaliação médica e levam o médico a se enganar, pois Exu está sempre de olho no erro médico. Para evitar isso, escolha um médico cuja data de aniversário não esteja no mesmo signo solar que o seu. Isso porque, quando você estiver mais frágil, um médico na mesma faixa zodiacal que a sua também estará vulnerável e a dupla doente/médico ficará mais fraca.

Por fim, é preciso considerar a possibilidade de que a doença ou o mal-estar que já existe esteja sendo provocado pelo plano espiritual. A causa está na energia de baixa qualidade que o consulente está recebendo. Nesse caso, o tratamento espiritual deve acontecer juntamente com o tratamento médico, para que possa proporcionar uma cura integral. Orar é uma forma de atenuar os sintomas vindos dessa origem.

Você pode ter perguntado sobre a cura. Exu anuncia que está tudo ainda confuso e instável, mas esteja certo de que ele não anuncia um mal incurável nem o fim da vida. A cura existe; só é necessário fazer as correções necessárias para ficar bem. Toda ajuda espiritual é válida.

Ogum

A carta de Ogum

Quando pensamos em Ogum, lembramos sempre de força e de guerra, pois a oposição e o enfrentamento são características muito fortes nesse Orixá.

A carta de Ogum representa as qualidades do Orixá: coragem, força, poder realizador, luta e disputas. Ela não deixa as coisas calmas e tranquilas, sempre há muito que fazer. Lembre-se de que pode haver um confronto; uma luta real ou simbólica deverá acontecer.

O gasto de energia é uma possibilidade, bem como situações que se oponham à vontade pessoal. Há como fazer acontecer o que se deseja, mas alguma ação firme é necessária.

Quando a carta de Ogum falar com você, para dar um aviso ou responder a uma pergunta, lembre-se das palavras-chave:

Poder

Capacidade de realizar

Oposição que é preciso vencer

Muita luta antes de se alcançar o objetivo

Força física

Vontade poderosa

Energia

Esfriar a cabeça

Disputa

Ferro e fogo

Coragem

Ira

O AVISO DE OGUM

Há muito que se considerar, quando esta carta é tirada. Como todos os Orixás, Ogum tem um lado positivo e um lado negativo e ambos devem ser considerados como um aviso.

Ogum anuncia vitória, capacidade empreendedora, possibilidade de adquirir independência, sucesso na carreira, coragem para enfrentar os obstáculos mais difíceis, boa disposição e vontade de trabalhar.

Mas, em contraste com toda essa energia favorável, há alguns pontos fracos. Não são aspectos impossíveis de superar, mas o impulso que dão ao erro é forte. O principal engano seria deixar a raiva interferir na luta, perder a cabeça em discussões ou nos momentos de oposição. Se conseguir usar diplomacia ou deixar para dar a resposta depois, com a cabeça fria, será muito melhor.

O desgaste energético excessivo, derivado de muitas horas de trabalho ou de intensa agitação emocional, é uma possibilidade que deve ser evitada. O excesso de esporte, sexo, bebida e farra – coisas que Ogum aprecia muito – pode ser motivo para uma falha.

De acordo com a carta de Ogum, aprender a falar com as pessoas é outra necessidade. Você não deve se mostrar superior nem orgulhoso. Não imponha sempre sua opinião e não cause conflitos, mesmo que esteja com a razão. Ceda às vezes nas negociações, faça recuos estratégicos. Fale mais vezes sobre os seus sentimentos com o parceiro, familiares e amigos.

A RESPOSTA DE OGUM PARA O AMOR

Para entender a resposta de uma carta sobre um assunto, precisamos sempre nos lembrar de como age o Orixá diante dessa questão. As histórias dos Orixás fazem parte da sua mensagem. Ogum é um homem poderoso, magnético e forte. Portanto, seu amor é mais físico que emocional. Ele tem ciúme de tudo que possui, zela pelos seus bens, e as pessoas que ama são sua propriedade. Nas discussões, ele é violento e fica irritado por pequenas coisas.

A conquista é, com certeza, o principal tema desta carta quando se trata de amor. Se a pessoa não tem um amor, vai conquistar alguém. Para isso vai usar seu poder de atração. Mas lembre-se de que Ogum gosta de tomar a iniciativa na conquista.

Se você já tem alguém, a carta de Ogum aponta para a necessidade de tratar melhor quem ama, ser mais cordato e observar as necessidades de quem está do seu lado. Observe se você não tem sufocado a pessoa com o seu ciúme ou com seu jeito voluntarioso.

O relacionamento sexual é o foco principal de Ogum, por isso é possível que o interesse que une ou unirá uma dupla também tenha como foco principal a sexualidade. Os sentimentos, o romantismo, a delicadeza podem vir depois – ou não.

Mas há uma coisa boa de que devemos nos lembrar: Ogum é fiel, por isso não é preciso preocupações sobre a fidelidade. O amor será único enquanto durar.

Para a família, a carta de Ogum traz indicações de conflitos com o pai ou com relação à paternidade.

Se você quer saber como é uma pessoa, ao tirar uma carta lembre-se da descrição que se fez do Orixá. Ogum é ciumento, possessivo, fiel, magnético e interessado em sexo. É difícil escapar de uma pessoa assim.

A RESPOSTA DE OGUM PARA O DINHEIRO E A PROFISSÃO

Essa é uma ótima carta quando se trata de dinheiro e profissão. Ogum rege o trabalho, a luta bem-sucedida, a ambição justa.

Não é uma carta que represente dinheiro sem trabalho ou dinheiro rápido. Mas é uma carta que avisa: com muito esforço e trabalho, você ganhará e terá recompensa.

Ogum anuncia o trabalho independente, a abertura de negócios, a representação de uma empresa, a construção de obras, a prestação de serviços.

Ogum, o Orixá, não gostava de ser mandado; ele queria mandar. Assim, o trabalho de gerenciamento ou direção de um negócio é a sugestão de Ogum para quem trabalha como subordinado. Esta carta também pode indicar que você vai alcançar um posto no qual terá que coordenar o trabalho de outras pessoas.

Ogum gosta de mandar, mas precisa aprender a respeitar quem está sob o seu comando. Se não tiver diplomacia, interesse pelos problemas dos subordinados e senso de justiça, você poderá falhar. Isso poderá levar os seus subalternos a agir pelas suas costas, por medo de enfrentar as suas reações.

No que diz respeito ao trabalho, esta carta pode indicar dois obstáculos: a falta de disciplina e de perseverança. Ogum não gosta de seguir horários e às vezes desiste antes de ver as recompensas de sua luta. Assim, você deve refletir se não está deixando que outras pessoas colham os frutos do seu esforço ou se não está faltando método no seu trabalho.

As áreas regidas por Ogum profissionalmente são a engenharia, a construção civil, a informática, a administração, a representação comercial, o esporte, a mineração, a oficina mecânica, a cirurgia e tudo que envolve máquinas ou ferramentas. Ogum também rege a moda, as artes, a decoração e a ecologia.

A RESPOSTA DE OGUM PARA A SAÚDE

A carta de Ogum indica boa saúde, pois o elo da pessoa com a vida está forte e intenso – essa é a primeira interpretação desta carta para a saúde. Há energia, vigor e nada indica doença imediata. Mas sempre que perguntamos sobre saúde, pensamos em pontos fracos e qual seria a cura, e esta carta dá indicações sobre essas questões também.

Os problemas de saúde regidos por Ogum são inesperados e, quando aparecem, os sintomas já se manifestam com grande intensidade: febres violentas, erupções na pele, derrames.

Quando modera seu temperamento, o doente melhora rapidamente também. É preciso não se revoltar contra as doenças. Nem se impacientar com os tratamentos. Amor, beleza e harmonia são remédios que curam com rapidez, nesse caso.

Os pontos que merecem mais atenção devem ser: as articulações, a pressão sanguínea, a cabeça e as infecções violentas.

Ogum rege a cabeça, portanto, tudo o que pode afetar essa parte do corpo é relacionado com a carta dele. Dores de cabeça, enxaquecas, problemas nos olhos e nos dentes. Estes são pontos sensíveis no momento.

A falta de ferro no organismo é uma possibilidade, pois Ogum rege esse elemento.

Quanto mais envelhece, mais rígido Ogum fica; por essa razão, todas as articulações podem estar se tornando mais rígidas e vulneráveis. Observe principalmente os joelhos, os pulsos e a coluna cervical.

Evite bebidas com álcool e controle a pressão arterial.

A cura no caso de Ogum pode incluir uma cirurgia, mas esta carta indica a certeza de cura.

Oxóssi

A carta de Oxóssi

Este Orixá representa a juventude, o dinamismo e as alterações favoráveis. A sua carta lembra-nos da natureza, da sintonia com a vegetação e da comunhão com os animais.

Conta a lenda que Oxóssi foi um jovem guerreiro a quem foi dada a oportunidade de salvar sua aldeia. Ele tinha apenas uma flecha para matar o grande Pássaro do Medo, que vinha para destruir seu povo. Ele lançou sua flecha, atingindo o pássaro mortalmente no peito.

Por isso Oxóssi é sempre associado a mudanças corretivas. Ele é um Orixá cheio de falhas, como todos os outros, mas está sempre pronto a fazer uma correção quando necessário. Ele quer aprender e melhorar, quer comunicar e ouvir.

Quando a carta de Oxóssi falar com você, para dar um aviso ou responder a uma pergunta, lembre-se das palavras-chave:

Mudança

Rapidez

Novidade

Aprendizado

Leveza

Dúvida

Duplicidade

Curiosidade

Movimento

Acerto

Inconstância

Liberdade

O AVISO DE OXÓSSI

Sempre considerei Oxóssi como o arquétipo da vida livre, sem obrigações formais, que na nossa realidade é representada pela vida na cidade. Ele pede a volta ao que é essencial para a vida: uma alimentação saudável, ar puro, água limpa, luta por metas mais elevadas, respeito à natureza, curiosidade pelo que traz inovações sadias.

Assim, quando a carta de Oxóssi aparece, ela pode trazer o aviso de que é um bom momento para você avaliar o quanto está voltado para os seus ideais de vida, aqueles que você cultivava na sua juventude. Você tem liberdade para segui-los? Ou será que a sorte, representada pelo destino, o está afastando deles? Oxóssi vem anunciar que você pode mudar aquilo que o afasta dos seus projetos. Chegou a hora de fazer as mudanças que lhe permitam lutar pelos ideais da sua juventude. Para um jovem, ele diz: siga os seus ideais.

Oxóssi também é um aviso de que uma notícia pode chegar, um novo interesse pode surgir em alguma área da sua vida, e isso vai trazer mudanças.

Por outro lado, pode haver bloqueios emocionais por culpas do passado, que tiram a leveza da vida no presente. Há possibilidade de infidelidade ou de mentiras, insegurança com relação às próprias qualidades e falta de maturidade. Oxóssi talvez esteja mostrando que você precisa fazer correções com respeito a esses aspectos.

Se você tirou a carta de Oxóssi, é porque algo vai mudar na sua vida. Convém lembrar que esse Orixá representa escolha e dúvida, portanto, todos os seus avisos se relacionam com o imprevisto, a mudança, a incerteza. Nada está muito estável no momento; novos fatores poderão surgir e modificar a sua vida para melhor.

A RESPOSTA DE OXÓSSI PARA O AMOR

Nesse aspecto, o Orixá lendário foi dúbio e mudou bastante. Primeiro ele roubou a mulher de Ogum, e teve além dela várias outras esposas. Depois ele foi encontrar na mata o seu amor verdadeiro, a Orixá Ossãe, uma Orixá que foi homem e que tinha esposa, mas que não gostava muito de mulheres. Ossãe, já no seu aspecto feminino, seduziu Oxóssi e os dois formaram um casal muito unido.

Com base nessa lenda, podemos deduzir algumas características do amor sob a regência de Oxóssi: caráter dúbio, triângulo amoroso, infidelidade até encontrar o verdadeiro amor.

A primeira indicação desta carta é a possibilidade de namoro. Se você está sozinho, talvez surja um relacionamento informal, sem muito compromisso inicialmente. Se já tem alguém, é preciso namorar mais, pois talvez seja cedo para fazer planos. Para quem está casado, Oxóssi indica que a relação precisa ser revigorada, que o casal deve conversar mais.

Se a pergunta é sobre fidelidade, a resposta desta carta é a seguinte: se o amor é verdadeiro, existe fidelidade. Caso contrário, não existe fidelidade. Avalie, portanto, o quanto ama e o quanto é amado e terá sua resposta.

Oxóssi não prende ninguém. Sua marca é dar liberdade a quem ama. A leitura da carta, nesse caso, deve ser a seguinte: dê liberdade ao seu amor e não deixe o clima pesado, com ciúmes, cobrança de um compromisso definitivo, horários para tudo. O pior nesse caso é recapitular, em qualquer discussão, as culpas do passado.

É mais provável que você consiga firmar a relação e mantê-la estável se se concentrar nos aspectos mais leves da relação: a diversão, os momentos agradáveis a dois, o namoro descompromissado.

Oxóssi gosta de ser conquistado, por isso você pode dar o primeiro passo numa conquista. Esta carta mostra que o alvo do seu interesse não o levará a mal se você tomar a iniciativa.

O apego excessivo à sua liberdade pode impedi-lo de ser feliz no amor. Uma dica: é mais fácil prender alguém por meio da sintonia mental e da amizade do que por outros fatores.

Com relação a assuntos familiares, esta carta mostra a necessidade de dar valor aos mais jovens e ouvir as suas necessidades. Existe um assunto importante relacionado a irmãos. Outra possibilidade: a família vai mudar de endereço.

Se você perguntou como é uma pessoa, saiba que ela é como Oxóssi: quer liberdade, é difícil de prender, é imatura do ponto de vista emocional, gosta de se divertir com os amigos e considera o amor quase como uma brincadeira.

A RESPOSTA DE OXÓSSI PARA O DINHEIRO E A PROFISSÃO

Oxóssi é livre e quem é livre geralmente não tem muito apego ao dinheiro; só dá valor a ele quando os recursos materiais representam independência. Por isso, a carta de Oxóssi, no que diz respeito às finanças, diz que o dinheiro só é importante quando permite novas experiências, viagens, novas situações e estudos.

O dinheiro, para quem tira a carta de Oxóssi, só chegará quando a pessoa fizer o que aprecia, quando seu trabalho criar estímulos mentais. Portanto, nada rotineiro trará resultados. Use a inventividade, abuse da sua originalidade, inove processos, comunique e venda suas ideias, pois tudo isso o levará ao sucesso material.

Geralmente a carta de Oxóssi anuncia mudança de trabalho ou do local de serviço; pode indicar até mesmo uma mudança de cidade. Uma coisa é certa: com Oxóssi, o trabalho vai passar por mudanças.

Se você perguntar se ficará rico com um determinado negócio, a resposta é: é pouco provável. A não ser que mude o seu negócio, faça muita propaganda e aprecie mais todo o trabalho que envolve a sua atividade.

As profissões mais características de Oxóssi são: publicidade, artes, turismo, marketing, magistério, comércio exterior. A psicologia e a medicina também são áreas favoráveis, pois Oxóssi tem o dom de cura.

Um defeito de Oxóssi no trabalho é a mania de perfeição. Isso pode indicar que você perde muito tempo com detalhes e atrasa projetos por mudar muito de ideia ou focalizar sempre as mudanças. Por outro lado, quem visa à perfeição e à mudança cria soluções originais, muito apreciadas pela qualidade e pelo efeito produzido.

A RESPOSTA DE OXÓSSI PARA A SAÚDE

A carta de Oxóssi remete sempre a um sistema nervoso delicado, constantemente estimulado por um fluxo de pensamentos contínuo, que pode causar distúrbios na digestão e no sono. O corpo todo se ressente da inquietação física característica de Oxóssi. Ansiedade, atividade excessiva, irritabilidade – isso tudo vem desse Orixá.

O conselho de Oxóssi para ter bem-estar é meditação, ioga, respiração e convívio com a natureza.

Quando o trabalho mental intenso é combinado com uma atividade que exige pouco esforço físico (ficar horas sentado ou no computador), é necessário fazer caminhadas, correr ou nadar, para cansar o corpo e estimular o sono.

Se você tirou a carta de Oxóssi, isso significa que os pulmões precisam de atenção. Pneumonia, bronquite, alergia respiratória, asma e tuberculose são possibilidades, mas ainda não se manifestaram no físico.

A regência secundária de Oxóssi nos convida a dar atenção às mãos e aos braços.

A mensagem desta carta é a de que é preciso mudar alguma coisa para restabelecer o equilíbrio perfeito do corpo. Lembre-se disso e faça uma mudança. Mude a alimentação, mude a rotina diária, mude a atividade física.

Oxóssi se cura com otimismo, novidades e viagens. Esses remédios são milagrosos. Se você tirou esta carta ao fazer uma pergunta sobre saúde, saiba que os sintomas apresentados estão mais relacionados com o sistema nervoso do que com o órgão afetado por um mal. Por exemplo, o problema está no estômago, mas a cura consiste em equilibrar o sistema nervoso, e não apenas tratar o órgão doente.

O poder de curar é presente em Oxóssi. Se você quer saber se ficará curado, esta carta indica que novos fatores vão surgir e modificar a situação, certamente para melhor; a possibilidade de cura, portanto, é muito grande.

Xangô

A carta de Xangô

Xangô é um Orixá muito benéfico. A carta dele indica aberturas, equilíbrio, prosperidade e fartura. Em qualquer situação negativa, ele traz alívio e uma energia favorável, que corrige o que não vai bem.

O lendário Xangô foi um rei poderoso e dedicado ao seu povo. Ele lutava para enriquecer sua nação e trazia bens sem conta para aumentar a prosperidade de todos. Também foi um juiz justo, que ouvia e ajudava quem o procurava. Suas palavras eram sábias e ele procurava ver todos satisfeitos.

Como todos os Orixás, ele tinha seus pontos fracos. Era vaidoso, adorava ter muitas mulheres e se entregar aos prazeres da mesa.

Quando a carta de Xangô falar com você, para dar um aviso ou responder a uma pergunta, lembre-se das palavras-chave:

Justiça

Riqueza

Fartura

Franqueza

Generosidade

Colheita

Zelo

Praticidade

Honestidade

Prosperidade

Orgulho

Vaidade

O AVISO DE XANGÔ

Ao ver esta carta, já se pode prever que tempos melhores estão para chegar. Este Orixá anuncia um período mais fácil, traz riquezas e faz cada um receber o que merece.

A mesa farta é uma imagem que lembra Xangô. Os campos durante a colheita, os celeiros com grãos estocados e um mercado com carrinhos cheios de compras são situações em que Xangô está presente.

A sua carta só não é um bom sinal para quem *não* está agindo corretamente. Para essa pessoa, a carta pode mostrar uma colheita proporcional aos erros. Não se esqueça de que Xangô é um juiz, ele julga e dá o que a pessoa merece.

Esta carta também indica que você não escapará da justiça divina nem da justiça dos homens. Assim, é fácil prever o que ela prenuncia. Ainda é tempo de fazer correções e obter uma boa colheita, mas o passado não ficará esquecido, pois o perdão não é uma característica de Xangô.

Para quem tem assuntos na justiça, a carta é uma indicação de vitória, desde que a ação pretenda obter o que é justo pelas leis e pela moral.

A RESPOSTA DE XANGÔ PARA O AMOR

Vamos nos lembrar de como era Xangô no amor: ele gostava de fartura, isto é, queria muito amor. Era fiel à instituição do casamento, mas não era fiel a uma mulher; ele teve muitas mulheres, o que era comum no tempo e no lugar em que viveu.

Portanto, de acordo com a história do Orixá, pode-se dizer que esta carta indica que o romance terá muito luxo e prazer, muita sensualidade, mas não será fácil manter o interesse do parceiro por muito tempo.

A carta de Xangô revela que essa pessoa é menos volúvel que Oxóssi, mas não é capaz de ficar para sempre com o mesmo amor. Não sabe vencer as tentações e precisa receber estímulos contínuos.

Caso se trate de um namoro, esta carta anuncia que não se trata de um relacionamento descompromissado, e é até possível que resulte em união, mas pode-se esperar um noivado longo. Em caso de casamento, esta carta é sinal de prosperidade para o casal.

Se o consulente é do sexo masculino, haverá múltiplos interesses amorosos durante o período. Para uma mulher, é aviso de que deve zelar por seu amor.

Assim como Ogum, Xangô, quando está interessado em alguém, gosta de dar o primeiro passo. Se você tirou esta carta e já houve oportunidade de tomar a iniciativa e não o fez, o mais provável é que o interesse em ter um romance seja pequeno.

Para a família trata-se de uma boa carta; todos passarão por momentos favoráveis e terão mais prosperidade.

Quando a pergunta é sobre fidelidade, esta carta avisa que existe alguém interessado em seduzir a pessoa que você ama, mas que essa possibilidade é futura e não vai destruir um relacionamento que seja estável. No caso de um namoro, convém cuidar mais do seu amor, pois existe o risco de interferirem no seu relacionamento.

Para o casamento, a infidelidade de Xangô é menos perigosa que a de Oxóssi. Oxóssi, quando infiel, troca de amor; vai embora e deixa o antigo pelo novo. O Xangô infiel fica com dois ou até três amores ao mesmo tempo. No entanto, ele sempre tem a sua preferida e, por incrível que pareça, é justamente a pessoa de quem ele gosta que um dia se cansa de suas escapadas e vai embora. Essa história Xangô vivenciou com uma de suas esposas, Iansã.

Se você perguntou como é uma pessoa e tirou a carta de Xangô, saiba que ela é alguém com muitas possibilidades de ganhar dinheiro, mas é um pouco orgulhosa e muito vaidosa. Se for homem, é quase incapaz de ser fiel para sempre, mas com rédea curta pode ser controlado. Uma mulher representada pela carta de Xangô é preciosa, tem orgulho e vaidade, mas é fiel por natureza; não faz aos outros o que não quer que lhe façam.

A RESPOSTA DE XANGÔ PARA O DINHEIRO E A PROFISSÃO

É nessa área que Xangô é mais forte. Tirar a sua carta é um sinal muito positivo, do ponto de vista financeiro, pois esse Orixá traz dinheiro.

Bons negócios, vida profissional bem-sucedida, boa reputação e recompensas monetárias estão entre as indicações de Xangô.

Xangô indica sucesso rápido, regido pela sorte. Ele traz prosperidade e fartura sem muito trabalho. Qualquer esforço, mesmo que pequeno, é recompensado.

Não é característica desse Orixá empreendimentos a longo prazo. Tudo com ele é rápido, por isso as atividades de resultado imediato são mais indicadas.

A tendência para trabalhos ligados à justiça é um dos aspectos mais elevados de Xangô: advocacia, magistratura, concursos públicos, alto funcionalismo público. Outros interesses positivos são a contabilidade, as atividades relacionadas ao mercado financeiro, o comércio, o turismo, os negócios no estrangeiro, a hotelaria e a área da alimentação.

Honestidade e uma imagem confiável são essenciais para o negócio, bem como a obediência à legislação que rege o seu trabalho. Você também poderá confiar em subordinados para obter mais resultados.

Esta carta também indica que a chance de ganhar dinheiro em loterias e outros jogos é muito grande.

A RESPOSTA DE XANGÔ PARA A SAÚDE

Esta é uma carta que anuncia a vida, não doenças. Embora ela aponte para pontos sensíveis, existe a cura.

Os pontos fracos, para quem tira a carta de Xangô, são o fígado, os intestinos, os quadris e o coração. Como o fígado, o estômago pode ser atingido mais na idade madura, por causa de excessos na alimentação e na ingestão de bebidas alcoólicas durante muitos anos.

Esta carta indica a possibilidade de insuficiência cardíaca, com a dilatação do coração. O amor com apego, o amor por alguém que não merece e a dificuldade para perdoar também fazem adoecer o coração. Evite alimentar ressentimentos pela ingratidão sofrida.

A obesidade é um risco, pois ela faz parte das características físicas do Orixá, bem como todos os problemas causados pelo sobrepeso: diabetes, colesterol, insuficiência hepática ou renal.

Nem tudo com Xangô é tão grave. Esta carta também pode indicar problemas mais leves: câimbras, enxaquecas, intoxicação alimentar, circulação deficiente.

Por outro lado, esta carta também indica que a cura é possível, caso se façam correções, e que sempre há tempo para se reverter um quadro negativo, por pior que ele pareça.

O que cura Xangô: atenção, elogios, dieta rigorosa, cristais, exercitar a paciência, julgar menos os outros, aceitar as diferenças.

Omulu

A carta de Omulu

Entre os Orixás, Omulu é o mais restritivo, o que traz menos leveza e facilidade. Por essa razão, a carta dele raramente vem anunciar um momento fácil.

A história de Omulu começa com a rejeição materna. Omulu, logo que nasceu, ficou com o corpo coberto de feridas de varíola. A mãe dele, que era Nanã, não suportou a visão desse filho tão feio e doente, e o abandonou. Depois tudo foi esquecido e Omulu perdoou a mãe, pois compreendeu sua atitude e fraqueza. Mas, nessa época, ele já era médico e sabia que a doença tem aspectos pesados.

Ao tirar a carta de Omulu, devemos pensar em limites impostos por situações que estão além do nosso controle e entender que se trata de uma fase complicada, mas passageira. É preciso saber esperar e tirar lições da dificuldade.

Quando a carta de Omulu falar com você, para dar um aviso ou responder a uma pergunta, lembre-se das palavras-chave:

Calma

Prudência

Lentidão

Especialização

Estudo profundo

Saúde

Pobreza

Restrição

Karma

Impedimento

Solidão

Doença

O AVISO DE OMULU

A carta de Omulu deve ser vista sem medo. É verdade que ela não anuncia coisas boas, mas traz algo muito importante: o aprendizado. Trata-se de um aprendizado de dor e dificuldade, mas o tempo que ele vai durar depende da sua atitude.

Comece por fazer economia, gaste menos, poupe para os dias futuros. As reservas serão importantes mais adiante. Prudência é um dos conselhos de Omulu, que nos lembra de que a velhice um dia chegará.

Tenha calma e avalie cada situação conforme ela for surgindo; não antecipe sofrimentos. Encare qualquer dificuldade como um desafio. A solução dos problemas depende desse entendimento.

Aceite a solidão ou os obstáculos com passividade e sabedoria. Eles não vão durar para sempre.

Os pontos negativos são maiores que os positivos, mas estes existem. Esta carta anuncia uma época favorável para planejamentos. Você terá também boas oportunidades para estudar, talvez fazer uma especialização em alguma área.

Crie para esse período uma rotina de vida mais calma, repouse mais e poupe energia. Faça tratamentos de saúde, indo para perto do mar, passando alguns dias em uma região de águas termais ou lamas medicinais. Evite contatos com pessoas doentes, para não ter problemas com doenças transmissíveis.

A RESPOSTA DE OMULU PARA O AMOR

No que diz respeito ao amor, a carta de Omulu é a menos favorável de todas. Esta é uma carta que não anuncia encontros, por isso o momento não é de romance.

Não há casamento ou namoro em vista, e os que já existem não trarão muitas alegrias agora. É melhor esperar uma época mais favorável para dar início a um romance, pois Omulu traz às vezes amores kármicos, com muitas complicações e dores. Se você começar um relacionamento agora, desencadeará um processo de ativação do karma.

Para quem já está numa relação, este é um momento de falar pouco, ter calma, não fazer cobranças nem querer receber muito. Pode ser um relacionamento com aspectos kármicos intensos e extremamente ativos. A pressão do karma vai gerar algumas dificuldades no momento.

Para quem está só, esta carta anuncia dificuldade para encontrar alguém. Trata-se de um período de solidão, de amor conturbado e de convívio consigo mesmo.

Se você perguntou sobre uma pessoa, a carta de Omulu mostra que ela é reservada, de pouca conversa e precisa de muito amor. Pode ter sido abandonada ou rejeitada e traz as marcas desse trauma. Não é fácil conseguir casamento com essa pessoa, que tem a natureza de um solteirão.

A RESPOSTA DE OMULU PARA O DINHEIRO E A PROFISSÃO

Também na área financeira, a carta de Omulu anuncia restrição. É hora de guardar e não de gastar, mas pode ser que não haja muito o que reservar, pois as entradas de dinheiro podem estar menores do que de costume.

Essa previsão de falta de dinheiro pede prudência, e ser previdente é uma atitude sábia.

A carta de Omulu também desaconselha todo tipo de negociação; para vendas, é um momento fraco e, para ingressar numa nova atividade, haverá dificuldade.

Quem está empregado pode passar por uma época de ganhos inferiores à sua capacidade. Quem não tem trabalho, deve aproveitar esse período para se preparar melhor e esperar um momento mais favorável.

As áreas profissionais mais indicadas pela carta de Omulu são: tudo o que envolve a cura, pesquisa, ensino em todos os níveis. O trabalho com coisas velhas e desmontadas (ferro-velho, antiquário) é positivo para quem está sob a influência de Omulu. Esta carta também rege os concursos públicos.

Você pode trabalhar por conta própria e fazer associações, mas precisará esperar um pouco para colher resultados. A carta de Omulu desaconselha o comércio neste momento.

A RESPOSTA DE OMULU PARA A SAÚDE

Omulu é um Orixá que anuncia a doença e a saúde. Ele é o médico entre os Orixás. Assim, a sua carta indica algum problema de saúde durante o período.

Para quem está doente, esta carta informa que a cura, embora provável, dependerá do tratamento com um médico experiente e tradicional, especialista na sua área.

Para quem está bem, existe a necessidade de se fazer exames de rotina e avaliações periódicas. Uma doença poderá incomodar no período, mas não se trata de algo sem possibilidade de cura.

A doença sob a regência de Omulu requer tratamento com um especialista, exames e rigorosa observação de tudo o que foi prescrito.

Nossa tendência é ver a cura como um processo externo, isto é, algo que vem de fora para dentro. Omulu fala da cura como responsabilidade pessoal. Ela é interna, já está dentro de nós, só é preciso saber ativá-la.

Infelizmente, no caso da doença sob a regência de Omulu, não basta recorrer à medicina alternativa; remédios alopáticos serão necessários. Os métodos alternativos, no entanto, podem ser usados como tratamentos complementares.

Os pontos mais vulneráveis do organismo, quando se trata de Omulu, são os ossos e os dentes. Outros pontos com fragilidade podem ser a pele, a cabeça, os rins e os joelhos. A depressão é uma possibilidade. Artroses, dores nas costas, viroses e doenças contagiosas são possibilidades.

As doenças regidas por Omulu tendem a se tornar processos crônicos. O ir e vir dos sintomas e seus desconfortos podem minar a alegria de viver.

A cura depende da alegria, do carinho e do conforto trazido pelo contato humano. Quando se abre para tudo isso, a pessoa se cura muito mais depressa.

Oxalá

A carta de Oxalá

Esta carta é a mais positiva de todas, pois Oxalá é o Orixá maior, o mais pacífico, honesto e destituído de defeitos. Ele traz a paz, de todas as formas e em todas as situações.

A luz de Oxalá é intensa e toca todos os corações, induzindo cada ser a mudar para melhor. Essa luz faz enxergar a verdade, é uma luz que facilita o uso da razão.

Toda felicidade tem sua origem nas emanações favoráveis de Oxalá, que está sempre atento às necessidades da humanidade.

Quando a carta de Oxalá fala com você, para dar um aviso ou responder a uma pergunta, lembre-se das palavras-chave:

Paz

Força moral

Dever

Boa associação

Bom coração

Devagar e sempre

Confiança

Lealdade

Fidelidade

Luta pelo bem

Competência

Casamento

O AVISO DE OXALÁ

Qualquer que seja o seu problema ou preocupação, a carta de Oxalá lhe dá uma certeza: tudo ficará bem. Esta carta mostra a chegada da paz no coração, pois ela é portadora daquilo que trará harmonia e tranquilidade.

É uma carta que dissipa as nuvens escuras, fazendo-nos entrever o céu claro. Com essa força, renasce a esperança e a luz divina invade a alma. Você vai achar os caminhos que o farão recuperar o que julgava perdido.

Esta é uma carta que lembra um pai amoroso, que cuida do filho, deixando que ele caminhe com suas pernas e aprenda as suas lições. Mas é um pai que sabe amparar na hora certa e não abandona um filho que precisa de amparo.

Há muita generosidade em Oxalá, por isso esta carta pode ser um aviso de que você tem algo a oferecer, que você precisa exercer a solidariedade e ajudar as pessoas. A generosidade pode ser material, mas pode também se expressar por meio da palavra amiga, do incentivo, da cumplicidade sadia e da abertura para aceitar as diferenças da sociedade.

Não há preconceito em Oxalá, todos os seus filhos são iguais e eles representam a humanidade como um todo.

Muitas vezes esta carta vem para avisar que você irá receber uma bênção, que pode vir como uma dádiva divina.

A RESPOSTA DE OXALÁ PARA O AMOR

Oxalá rege as boas associações e o encontro do amor verdadeiro. Assim, você pode esperar um amor compromissado e com futuro.

Um coração vazio será preenchido, mas é preciso ter calma para esperar a hora certa e não iniciar num relacionamento que não preencherá as necessidades.

Esta é a carta de um casamento feito no céu, que às vezes começa sem muitas perspectivas ou promessas, mas que se firma com o passar do tempo. É também uma indicação de um amor que começa a partir de uma grande amizade.

O casal unido por Oxalá dificilmente se separa. A estabilidade da união é um dos presentes que Oxalá traz. No entanto, apesar de a decisão pelo casamento ser uma certeza, o casamento em si pode demorar anos para acontecer.

Oxalá não traz nada depressa. Esta carta mostra um longo noivado.

A fidelidade é certa, o respeito por quem se ama é levado a sério. Todos os contratos morais que um casal firma ao se unir são mantidos: criar uma família, construir um lar, educar os filhos, manter a fidelidade, trabalhar em conjunto para ter bens materiais.

A união regida por Oxalá é próspera, pois esse Orixá traz fertilidade em todos os aspectos. O casal pode começar do zero, mas conquistará mais do que espera. Terão filhos bonitos e saudáveis.

Se você está sozinho e tirou esta carta, isso é sinal de que vai encontrar um amor que vale a pena. É só esperar.

Se já tem um amor e está satisfeito, terá muita chance de se casar, mas, se deixar a iniciativa para o seu amor, esse casamento pode demorar.

Se tem alguém, mas não está satisfeito, Oxalá pode ter aparecido para avisar que há um amor verdadeiro no seu caminho.

Para a família, esta carta mostra dias melhores. O perdão será dado, o coração vai se abrir, a paz vai reinar entre os familiares. Alguém que estava afastado pode voltar com o coração mais calmo.

Se você perguntou sobre alguém, a carta de Oxalá mostra que se trata de uma pessoa de respeito, com moral e cumpridora dos seus deveres. No entanto, ela pode ser lenta e calma demais para alguém mais dinâmico. Ela é assim: devagar e sempre.

A RESPOSTA DE OXALÁ PARA O DINHEIRO E A PROFISSÃO

Do ponto de vista financeiro, é preciso entender que Oxalá, como pai, está atento às necessidades materiais de seus filhos. Ele não vai deixar que falte o necessário. Mas quanto ao supérfluo, isso já é outro assunto.

A carta de Oxalá anuncia a resolução de situações financeiras complicadas, dá a certeza de que a pessoa limpará o seu nome na praça e prevê a ajuda de outras pessoas para evitar uma derrocada financeira.

Vários aspectos devem ser considerados. Primeiro, Oxalá não traz nada rápido. Assim, não espere dinheiro de uma hora para outra. O dinheiro virá aos poucos, com o passar do tempo. Por exemplo, caso você tenha uma dívida, Oxalá não trará o dinheiro para pagar o que você deve, mas o ajuda a negociar a dívida e a ganhar os recursos para saldá-la.

Esta carta também indica uma avaliação divina do esforço moral de cada um. Muitas vezes, quando as coisas não estão bem, ela indica necessidade de se fazer alguma correção espiritual ou moral. Isso irá mudar o padrão energético causador da carência material.

Se você quer saber se vai enriquecer, a resposta desta carta é: depende de você. Se perseverar e trabalhar com calma e paciência, você vai receber mais do que imagina.

O dinheiro anunciado por Oxalá precisa circular e trazer prosperidade a todos; ele deverá ser gasto com coisas que trazem felicidade e geram bem-estar. É aconselhável usar um pouco desse dinheiro com projetos assistenciais. Mas, se sua ambição é ter dinheiro para ostentá-lo, será difícil obtê-lo.

Não há em seu caminho muita luta para alcançar o que precisa na vida material, nem trabalho pesado. O sacrifício de Ogum e Xangô para arranjar dinheiro não faz parte da caminhada de Oxalá. Oxalá é do tipo calmo e perseverante; com tempo ele chega lá.

É uma carta que indica boas associações. Existe a possibilidade de você fazer uma boa sociedade com uma pessoa idônea ou com o próprio cônjuge.

Esta carta é um anúncio de que as amizades são muito importantes, quando se trata de assuntos financeiros. Dê atenção aos relacionamentos sociais, cultive boas amizades, faça associações com pessoas honestas e de caráter. Um dia você receberá de uma delas uma ajuda importante para sua segurança e sucesso. Os poderosos podem favorecer a sua prosperidade, mas não se aproxime deles apenas por interesse e sim pela afinidade.

O dinheiro virá de forma constante e, embora não venha em grande quantidade, será bem administrado. A poupança é uma forma que Oxalá tem de trazer a fartura.

Quanto mais der aos outros, mais receberá – essa é uma regra que está implícita na generosidade de Oxalá.

As áreas mais favoráveis indicadas por esta carta são: atividades independentes de prestação de serviço, postos de alto-escalão, direito, medicina, magistério, diplomacia, setor gráfico, oftalmologia, vendas e contato com o público.

A RESPOSTA DE OXALÁ PARA A SAÚDE

Como em todos os outros assuntos, a carta de Oxalá traz ordem e paz, e indica sempre boa saúde. É a melhor carta para quem tem algum problema de saúde, pois é a certeza de que a pessoa voltará a se sentir forte e saudável. Esta carta também traz uma mensagem positiva para quem está saudável: não há doença à vista.

No entanto, esta carta prenuncia pequenos incômodos, a maioria de fundo emocional.

Muita sensibilidade é a primeira indicação desta carta. Por causa disso podem surgir alergias na pele, no aparelho respiratório e nos olhos.

Os ossos podem ser o segundo ponto mais frágil, por isso podem surgir problemas na coluna, com pequenas lesões.

O coração regido por Oxalá apresenta alguma fragilidade e uma consulta ao cardiologista poderá trazer tranquilidade.

Os pontos mais fracos indicados na carta de Oxalá são: olhos, pele, coluna vertebral e coração. Mas ainda assim lembre-se de que esta carta é mais um aviso de futuras fragilidades.

Iansã

A carta de Iansã

Iansã é considerada a mais forte das iabás ou aiabás, como são chamados os Orixás femininos. Ela é uma guerreira poderosa como Ogum, mas também é independente como Oxóssi e capaz de enfrentar maus espíritos como Omulu. Essa é a melhor aliada que se pode ter para uma luta.

O vento, ou melhor, a ventania é o elemento associado a Iansã. As características básicas do elemento ar são dela. Portanto: liberdade, inteligência, rapidez, estudo, espiritualidade, entendimento rápido estão entre as suas qualidades.

Numa época de crise, esta carta é um bom presságio, pois ela avisa que, embora talvez sejam necessárias atitudes drásticas, a solução é possível. Depois da ventania, a reconstrução lançará alicerces firmes para a felicidade.

Esse Orixá descobre segredos, investiga sozinha os caminhos mais ocultos e quer profundidade e verdade acima de tudo. Nada escapa à sua percepção aguçada. Por essa razão, ela ajuda quem quer interpretar oráculos.

Nada amarra Iansã, nada detém sua ação; ela tem uma vontade de ferro e coragem para arriscar. Quando se quer uma coisa, esta carta indica enorme poder de conquista.

Quando a carta de Iansã falar com você, para dar um aviso ou responder a uma pergunta, lembre-se das palavras-chave:

Oculto

Independência

Desapego

Vontade

Dinamismo

Audácia

Revolta

Generosidade

Ajuda

Profundidade

Transformação

Pressa

O AVISO DE IANSÃ

Iansã rege o que está oculto, aquilo que não se percebeu ainda, portanto não pode ser modificado. Por isso, quando ela vem dar seu aviso, é bom procurar perceber o que você não está enxergando. Algo oculto vai surgir e isso nunca virá para trazer paz e harmonia; será algo que causará revolta, trará uma grande transformação ou criará situações de extrema mudança na vida.

Quando tiramos a carta de Iansã, podemos ter certeza de que esse é o momento ideal para fazer grandes transformações, em qualquer área. Esse Orixá nunca deixa as coisas como estão; por natureza ela nunca se conforma com situações estagnadas.

Pense numa ventania com sua força de destruição e você entenderá com facilidade o que Iansã anuncia. Ela não vem para deixar as coisas com estão.

No amor, na saúde e no trabalho, ela traz a crise, mas uma crise construtiva, pois, depois da turbulência, as bases para uma vida mais feliz serão edificadas. Iansã nunca elimina aquilo que é bom, estável e forte. Ela atua sobre o que não está bom, é pouco sólido ou pode tirar alguém do caminho da paz. O que Iansã faz cair por terra não tem uma estrutura real; trata-se mais de uma fachada ou algo mantido por acomodação do que uma realidade concreta.

Se considerarmos a reviravolta causada por Iansã como uma oportunidade para sermos realmente felizes, de encontrarmos a nossa verdade interior, veremos que ela traz uma morte simbólica que nos permite renascer para a vida.

A RESPOSTA DE IANSÃ PARA O AMOR

Iansã não se prendeu nem ao marido nem aos filhos; ela queria viver para o mundo, como uma mulher livre de amarras e compromissos. Embora sempre tenha atendido aos filhos nas horas de necessidade, ela deixou-os morar com o pai quando seu casamento terminou. Isso só aconteceu porque ela não aceitou a condição de mulher traída.

Dessa história podemos tirar algumas conclusões a respeito do amor anunciado pela carta de Iansã.

A separação é uma forte possibilidade. Ela só não acontecerá se o casal fizer grandes mudanças no relacionamento, cada qual mostrando aquilo que mantém oculto do outro.

Para quem está só, trata-se de um encontro com paixão, pois Iansã rege a atração sexual e os amores mais intensos. Mas poderá haver muitas brigas e o ciúme será um grande problema. A desconfiança será uma constante. Lembre que Iansã achou que tinha sido traída pelo marido. Nem sempre a desconfiança se confirma na realidade, como não se confirmou com Iansã. Aliás, Iansã não foi infiel, preferiu ir embora a dar o troco.

A deslealdade do marido de Iansã não foi física. Ele sabia um segredo dela e, ao ver que seu segredo havia sido desvendado, Iansã achou que ele havia contado o que sabia dela. O marido de Iansã era Xangô, que tinha muitas mulheres, mas isso era comum naquele tempo e Iansã era a mulher que ele mais amava. Ele não contou o segredo de Iansã, Oxum foi quem descobriu sozinha e fez a intriga para afastar Iansã.

Por isso, caso você esteja com uma desconfiança, investigue para descobrir se não se trata da intriga de alguém que queira afastar você do seu amor.

Se você quer saber como é uma pessoa, a carta de Iansã revela que se trata de alguém intenso e apaixonado pela vida. Não tem temperamento fácil, mas tem um enorme coração, que é capaz de abrigar todos os que precisarem de ajuda.

Para a família, esta carta indica momentos tumultuados, com possibilidades de brigas e divergências sérias. A família pode ter uma ruptura e alguém sair de casa. Também existe a possibilidade de uma gravidez indesejada.

Oxalá, Omulu e Oxóssi são boas combinações para Iansã; ela briga com Ogum e abandona Xangô.

A RESPOSTA DE IANSÃ PARA O DINHEIRO E A PROFISSÃO

Iansã não era ambiciosa. Ela queria fazer suas conquistas para ser independente, mas não corria atrás de bens materiais. O que possuía dava aos filhos, que sempre amparou. A vida desse Orixá nos dá várias indicações sobre o que anuncia esta carta quando se trata da vida financeira. A pessoa que tirar esta carta provavelmente fará muitas conquistas que beneficiem muito mais outras pessoas do que a si mesma.

Esta carta mostra capacidade de vencer na profissão, vontade poderosa que leva a realizações, trabalho tenaz para ter bens materiais, mas pouco interesse pela riqueza em si.

Esta carta geralmente mostra que o dinheiro virá pelo esforço pessoal, mas todo ganho será usado para fazer o bem, para ser gasto em viagens ou para beneficiar os filhos. Não há poupança nem a preocupação de fazer reservas para momentos difíceis.

As atividades regidas por Iansã relacionam-se ao terceiro setor e às áreas da administração, importação e exportação, línguas, moda e decoração, e ocultismo.

O dinheiro, sob a influência de Iansã, também poderá vir de maneira inesperada, na forma de heranças ou legados.

Se a sua pergunta é sobre emprego, esta carta indica que a tendência é que você o mantenha enquanto se sentir valorizado e bem remunerado. Iansã diz para não ter medo de arriscar, e na hora certa ir atrás de algo melhor. Você pode passar por muitos altos e baixos na vida profissional.

Para quem está desempregado, esta carta mostra uma situação melhor no futuro, mas a pessoa deve pensar seriamente em trabalhar por conta própria, pois há possibilidade de alcançar boas realizações.

Iansã não traz facilidades para associações comerciais, é melhor evitar sociedades. É provável que numa sociedade, você trabalhe muito para encher os bolsos dos sócios, saindo do negócio apenas com aquilo que entrou.

A RESPOSTA DE IANSÃ PARA A SAÚDE

A carta de Iansã indica saúde, corpo forte e resistente. Os problemas estão mais relacionados com sintomas ligados ao sistema nervoso. A capacidade de regeneração é uma das indicações de Iansã.

Os pontos fracos estão na região genital. A vagina, o útero e os ovários podem ter problemas congênitos ou apresentar distúrbios na idade madura. Para os homens, os pontos fracos são o pênis, a uretra e a bexiga.

As doenças sexualmente transmissíveis são uma forte possibilidade – esse é um aviso desta carta!

A regência secundária de Iansã relaciona-se ao nariz e ao fígado. Acidentes em atividades esportivas e ou causados pelo fogo podem atingir as pernas e as costas.

No entanto, quando se trata da carta de Iansã, a recuperação é sempre espantosa. Ela traz uma capacidade de recuperação que está além da compreensão dos médicos.

Pode haver indicação de depressão ou desânimo – o grande inimigo anunciado por Iansã. Oxum, quando está desequilibrada, come muito. Iemanjá, quando está em desarmonia, compra muito. Já Iansã, quando está mal, dorme demais. Quem está sob a regência da carta de Iansã supera a doença se vencer o abatimento e o desânimo que causam o estado depressivo.

Para quem não deseja engravidar, Iansã pede cuidado redobrado, pois esse Orixá anuncia essa surpresa, quando aparece numa leitura oracular.

Iemanjá

A carta de Iemanjá

A imagem de Iemanjá como senhora dos mares, a rainha da costa brasileira, é aceita e amada por todo o Brasil. Ela é a doadora da beleza e da felicidade, e sempre traz benefícios. Quando tiramos a carta de Iemanjá, sabemos que tudo terminará bem, pois sua energia irá entrar em nossa vida e fará mudanças para melhor.

Como o mar, este Orixá é instável. Iemanjá pertence ao mar, doador dos peixes que nos alimentam, mas que também é responsável por momentos terríveis de tempestade, com ondas violentas, que destroem tudo o que encontram.

Quando Nanã abandonou o seu filho Omulu, que estava doente, foi Iemanjá quem amamentou o bebê até ele crescer. A sobrevivência de Omulu deveu-se à preocupação dela, que é generosa e caridosa com os fracos e desamparados.

Associamos Iemanjá às formas femininas mais delicadas, belas e sensíveis, com uma energia receptiva e lunar, que atua sobre a mente e possibilita percepções sutis e extrafísicas. A energia de Iemanjá é sedutora, cativa a todos. Sua influência nos aproxima das artes, pois nos faz expressar de maneira criativa o que sentimos.

Quando a carta de Iemanjá falar com você, para dar um aviso ou responder a uma pergunta, lembre-se das palavras-chave:

Beleza
Felicidade
Benefícios
Emoção
Variedade
Sensibilidade
Caridade
Modificação
Arte
Sedução
Inconstância
Engano

O AVISO DE IEMANJÁ

Iemanjá dá avisos de duas maneiras. Por meio do mar calmo e por meio do mar revolto. A mensagem que ela vai lhe transmitir depende do momento que você está passando na vida.

Seja otimista e espere que o aviso de Iemanjá venha como o mar tranquilo e sem ondas, para fazer dos seus dias momentos de beleza e felicidade. Ela tem algum presente para lhe dar, algo que alimentará e beneficiará muito o seu corpo ou a sua alma.

Iemanjá gosta de beleza, por isso lembre-se de cuidar do seu corpo e da sua casa, para que fiquem bonitos e arrumados. Compre roupas e mude o penteado. Traga para dentro de casa alguma coisa que a enfeite, como flores ou uma luminária nova.

As energias do mar e da arte serão necessárias para restabelecer o seu equilíbrio.

Quando estamos com a mente cansada ou confusa, a carta de Iemanjá pode sugerir que alguma modificação ocorrerá. Ou você tomará providências para corrigir essa situação ou a pressão dos fatos levará a isso. Nem sempre as coisas chegarão de forma tranquila, pode haver turbulência e, antes das alterações estarem concretizadas, você poderá passar por algo semelhante a uma borrasca em alto-mar.

Para quem não costuma ser perseverante, Iemanjá leva à sedução (de todos os tipos). Por exemplo, atração pelo jogo ou apego a um amor destrutivo. Iemanjá também leva ao engano; a pessoa avalia mal as situações ou foge delas, se esquivando dos problemas. Por isso, o mar revolto pode ser causado por você mesmo, com as suas atitudes. Nesse caso, esta carta veio para mostrar a face menos suave de Iemanjá.

A RESPOSTA DE IEMANJÁ PARA O AMOR

Iemanjá nunca ficou com quem não a tratou bem. Ela mudou muito de amores, sempre buscando amparo e felicidade. Assim, quando a carta de Iemanjá vem falar sobre o amor e a família, ela traz aquilo que este Orixá queria para si mesmo.

A busca da beleza e da harmonia num relacionamento é a primeira indicação desta carta. Há compreensão, paciência e idealismo, que levam a uma contínua renovação das situações. Quando faltam essas coisas, há muita infelicidade e a insatisfação conduz à procura do novo, havendo renovação. Primeiro se tenta de todas as formas modificar o amor para melhor, depois se desiste e há uma partida em busca de novo foco amoroso.

Portanto, embora não seja uma carta de separação, Iemanjá leva os insatisfeitos a pensarem nessa possibilidade. Mas esse Orixá costuma dar muito tempo à pessoa para pensar, mais do que outros Orixás, e aconselha que ela tente de tudo para ficar com o seu amor, buscando outro apenas quando não consegue mais suportar a falta de atenção e de sensibilidade com relação às suas necessidades.

As cartas de Oxum ou Obá são indicações de amor submisso e até servil, mas Iemanjá é um Orixá muito orgulhoso e cheio de qualidades, ela dá o amor mas quer receber muito em troca. Assim, a carta de Iemanjá faz pensar em quanto temos recebido de quem amamos e no quanto estamos expressando o nosso amor. Se a balança pesar muito para um lado, pode haver afastamento.

A beleza física é importante quando se tira esta carta. Se você anda sem interesse pelo seu corpo, não se arruma mais para estar com seu amor, a carta lembra que isso é muito necessário. Enfeite-se e torne-se de novo atraente.

A carta de Iemanjá diz que o amor existe e, se você tem neste momento interesse por alguém, há possibilidades de conquista. Para quem está só, é uma boa carta. Ela anuncia que você vai encontrar um amor, uma pessoa bonita e com muito charme.

Iemanjá não foi fiel aos seus maridos; ela gostava de variar. Mas ela geralmente só traía quando estava muito infeliz; portanto, se quer saber sobre fidelidade saiba que esta carta indica a possibilidade de ser traído no futuro. Mas isso só deverá acontecer se você for descuidado ou indiferente às necessidades do seu amor.

Para a família, é o momento em que a mãe deve ficar atenta aos filhos e à sua casa, tornando seu lar mais harmônico, arrumado e agradável. É uma indicação de que é hora de agregar a família, reunindo-a no horário das refeições ou fazendo uma viagem.

Se você quer saber sobre uma pessoa, saiba que Iemanjá anuncia alguém cativante, mas que deve ser avaliado com o passar do tempo, para se saber o quanto há de sinceridade em suas palavras. Essa pessoa gosta de festas e quer que você faça boa presença diante das suas amizades ou da sua família. Pode ser um pouco sonhadora ou se deixar levar por fantasias.

Com Ogum, Iemanjá tem amor forte e com Oxalá, tem harmonia.

A RESPOSTA DE IEMANJÁ PARA O DINHEIRO E A PROFISSÃO

Quando se trata de dinheiro, esta carta é uma boa indicação, pois anuncia benefícios e melhorias materiais. Ela traz sossego para quem está com problemas financeiros, principalmente quando se trata de negócios ou trabalho em outra cidade. Há possibilidade de sucesso longe de casa.

Há muitas áreas profissionais sob a regência de Iemanjá: arte, psicologia, estética, qualquer negócio que envolva líquidos, turismo e artigos de beleza, como cosméticos e bijuterias. A prata e o mar estão também sob a regência de Iemanjá.

Em sociedades, há possibilidades para bons negócios, mas com o tempo também haverá uma divisão no negócio ou nas atribuições dos sócios, caso um deles seja irritadiço ou impaciente. A influência de Iemanjá tende a afetar a harmonia. Ainda assim o negócio será bom para todos.

Com relação ao dinheiro, esta carta também indica que ele vai fluir com mais facilidade. Se a pessoa está numa fase difícil, deve rever seu planejamento, modificá-lo um pouco e melhorar a aparência do seu trabalho, para ver resultados positivos.

Para quem está bem nas finanças e no trabalho, Iemanjá aparece para dizer que os relacionamentos profissionais são importantes, e que é preciso tratar todos com gentileza e diplomacia. Só assim você conseguirá manter as suas conquistas e conseguir ainda mais.

Iemanjá, quando fugiu de um marido que a desagradava, foi perseguida pelo exército dele. Ela usou um artifício: colocou um enorme espelho que refletia os soldados. Estes, que não conheciam espelhos, ao verem sua imagem refletida, acharam que era o exército dela que vinha atacá-los para defendê-la. Todos fugiram diante da sua própria imagem refletida. Podemos usar o mesmo artifício nos negócios: observe se Iemanjá não está lhe mostrando alguém que o está iludindo com uma falsa imagem, e não fuja com temor de algo que não é real.

A RESPOSTA DE IEMANJÁ PARA A SAÚDE

A carta de Iemanjá normalmente não anuncia doenças físicas, mas pode indicar processos mentais pouco sadios, bem como extrema sensibilidade às emoções ou reação desfavorável a certas condições negativas da vida.

Quando se trata de saúde, esta carta desaconselha os excessos. A harmonia e a beleza devem estar em toda parte, levando a alma e o corpo ao equilíbrio que mantém a saúde e tudo regenera.

Os pontos fracos, quando se trata da carta de Iemanjá, são os rins, o estômago, a pele, a bexiga. Obesidade, pneumonia, problemas nos pés e dores de cabeça são problemas comuns quando esta carta aparece.

A cura nesses casos está no repouso, na paz e na tranquilidade. Muito sono e uma rotina de vida menos acelerada. Música e outras formas de arte, além de tratamentos de beleza, farão o estado de desarmonia ser superado e a saúde voltar com facilidade.

A regência secundária de Iemanjá está relacionada a problemas lombares e nos quadris, além de desequilíbrio temporário na circulação e nas glândulas suprarrenais.

Sensibilidade é uma palavra-chave, quando se fala de Iemanjá. Entre as causas dos males relacionados a esse Orixá estão: a má assimilação de determinados alimentos, indecisão diante de pressões externas, alergia a substâncias poluentes, ritmo inadequado de trabalho.

A tensão causada por alguma forma de rejeição, como falta de aceitação ou críticas constantes, pode acarretar alergias ou desidratação na pele, na boca, nos ouvidos ou nos olhos.

No entanto, embora Iemanjá anuncie problemas que incomodam bastante, esta nunca será uma carta associada a uma doença grave, com condições restritivas severas. Com alguns ajustes, o problema logo é resolvido. Esta é mais uma carta de cura e de saúde do que de doença.

Oxum

A carta de Oxum

Oxum é a dona do ouro, a rainha da água doce. Ela está presente nos rios, nas fontes, nas chuvas. Como a bênção da água que fertiliza a terra e garante a vida, este Orixá é a plenitude da existência material no nosso planeta.

Ela dá muito e quer receber também, mais do que qualquer outro Orixá. Portanto, sempre que vemos Oxum, devemos nos lembrar do que estamos oferecendo ao mundo e o que damos a quem amamos e a nós mesmos.

Uma forte característica de Oxum deriva da maneira como esse Orixá prendeu seu marido Xangô: ela lhe dava muita comida e muito carinho.

Imagine o colo amoroso de uma mãe, no qual se pode descansar e ser nutrido, e você saberá o que esta carta traz para você.

Quando a carta de Oxum falar com você, para dar um aviso ou responder a uma pergunta, lembre-se das palavras-chave:

Amor

Fertilidade

Prosperidade

Ouro

Nutrição

Expansão

Educação

Emoção

Dedicação

Insegurança

Subserviência

Vaidade

Exagero

O AVISO DE OXUM

Se tirar a carta de Oxum, saiba que você vai receber o que está necessitando, principalmente se suas necessidades são afetivas e materiais. Haverá recursos e estes tendem a se ampliar à medida que os meses forem passando.

Oxum vem anunciar crescimento, expansão e prosperidade – ela tem ouro puro para dar.

Oxum é considerado o mais amoroso de todos os Orixás, a mãe que não desampara os filhos. Tirar a sua carta é como receber uma bênção que irá nos prover daquilo que estamos necessitando. Amor, alimento e amparo serão uma certeza na nossa vida.

Oxum nem sempre é um Orixá tranquilo. Pense num rio com corredeiras, nas quedas d'água e nas enchentes. Essas águas têm um enorme poder destrutivo. Assim é Oxum: de repente ela traz a mudança; fica instável e insegura.

A fertilidade de Oxum é uma indicação, no plano material, de gestação. Há uma grande possibilidade de gravidez, mas trata-se de uma gravidez bem-vinda. Nem sempre essa fertilidade se manifesta apenas no corpo, ela pode agir na nossa conta bancária ou se manifestar no campo, tornando produtiva uma plantação ou criação.

Pela regência lunar de Oxum, ela também influencia o inconsciente. A imaginação fértil e as percepções extrafísicas, que permitem intuições e a leitura de oráculos, fazem parte dos atributos dela. Esta carta aconselha você a ouvir a sua intuição.

A RESPOSTA DE OXUM PARA O AMOR

O amor é a área em que Oxum se manifesta com mais força; ela cativa e prende com facilidade. Assim, quando se refere ao amor, a carta de Oxum é geralmente uma das mais promissoras.

Para quem já tem um amor, esta carta anuncia que há bons sentimentos e que se é amado. Para quem ainda não tem um amor, ela vem anunciar a chegada de um grande amor.

Mas um amor que contém riscos não agrada a Oxum, que aprecia a segurança e é muito apegada nas relações afetivas. Ela é apegada ao marido, aos filhos, à casa.

O romantismo, a expressão plena dos sentimentos, os jogos de sedução do namoro e da galanteria a agradam muito, por isso devem ser estimulados. Declare o seu amor várias vezes ao dia, e crie uma sensação de segurança e de permanência que vai agradar.

A característica de Oxum é prender sem amarrar, fazendo agrados. Dê espaço para seu amor se movimentar e se sentir livre. Um bom conselho dela: não faça cobranças, deixe que seu amor seja cativado naturalmente, pelo prazer, e o amor será mais fácil.

Oxum cativava seus esposos, que foram três: Ogum, Oxóssi e Xangô, pelos encantos da mesa e da cama. Essa é a chave para entender o amor regido por esta carta.

Mas pode-se esperar também teimosia, manha, mudanças bruscas de humor, choro e sensibilidade extrema – tudo isso pode ser evitado com gentileza, atenção e um pouco de cautela. É melhor não ser direto, falar por metáforas e dar tempo para que o entendimento chegue aos poucos.

Não é uma carta de infidelidade nem traições. É uma carta de fertilidade, gravidez futura.

Se você está querendo saber sobre a família, saiba que está passando por um bom momento, embora com uma certa instabilidade emocional de algum membro da família. No entanto, podem ser planejadas reuniões alegres e haverá muita comilança em casa. A família talvez aumente, pois uma gravidez pode ser anunciada. Uma criança feliz e saudável está para chegar.

Se a pergunta é sobre uma pessoa, esta carta fala sobre alguém que é perfeito, mas sente-se o oposto, por uma insegurança que não consegue superar. Trate-a com elogios e trate-a com muito carinho na cama e à mesa, pois isso é o que essa pessoa precisa receber.

Oxum agrada a Xangô e a Ogum, mas briga com Obá.

A RESPOSTA DE OXUM PARA O DINHEIRO E A PROFISSÃO

Oxum simboliza ouro e muita expansão. Na área das finanças e do trabalho, a sua carta é um anúncio otimista de boas realizações. Espere bons momentos à frente.

Os negócios vão crescer e frutificar, rendendo cada vez mais. Chegarão novos clientes, as vendas aumentarão e uma boa fase vai se iniciar em breve.

Para quem está empregado, esta carta anuncia bons resultados e talvez um aumento. Para quem não tem emprego, ela aponta para uma fase cheia de boas oportunidades.

Poucos Orixás podem trazer a riqueza, Oxum é um deles. Euá e Xangô são os outros dois. Oxum traz prosperidade, fartura e mesa cheia. Como a conta bancária cresce, você pode aproveitar para gastar um pouco.

As áreas regidas pela carta de Oxum são a estética, a alimentação, o ensino básico, a área de entretenimento, os bancos e as financeiras.

Oxum rege as atividades que requerem imaginação e criatividade, como a literatura, o teatro, o cinema, a televisão, além das artes pláticas.

O uso da intuição pode virar uma profissão. A área esotérica e a cultura alternativa são regidas por Oxum. O trabalho com oráculos e numerologia, com terapias alternativas e até mesmo com a psicologia pode dar um bom resultado.

A carta de Oxum não aconselha formação de sociedades, pois pode haver prejuízo.

A RESPOSTA DE OXUM PARA A SAÚDE

A carta de Oxum traz informações com respeito à saúde e à cura. Normalmente, não deve ser interpretada como doença e sim como fragilidade.

As áreas sob a influência de Oxum são os seios, o útero, a próstata e o pâncreas. Assim, qualquer distúrbio nessas áreas deve ser investigado e tratado.

O maior problema trazido por Oxum é a obesidade, causada por alimentação inadequada. Esta carta aconselha uma visita a um nutricionista, ainda que a pessoa não esteja fora do peso. Alguns ajustes na alimentação devem ser adotados como medida preventiva.

Para quem está doente, esta carta mostra que o bem-estar voltará se a pessoa tiver cuidado com a alimentação.

Existe uma regência secundária de Oxum sobre o estômago.

Os estados nostálgicos, os ressentimentos guardados por muito tempo, os pensamentos recorrentes menos positivos, a falta de valorização e a baixa autoestima costumam causar muitos males ao organismo e esta carta pode ter vindo para nos lembrar disso.

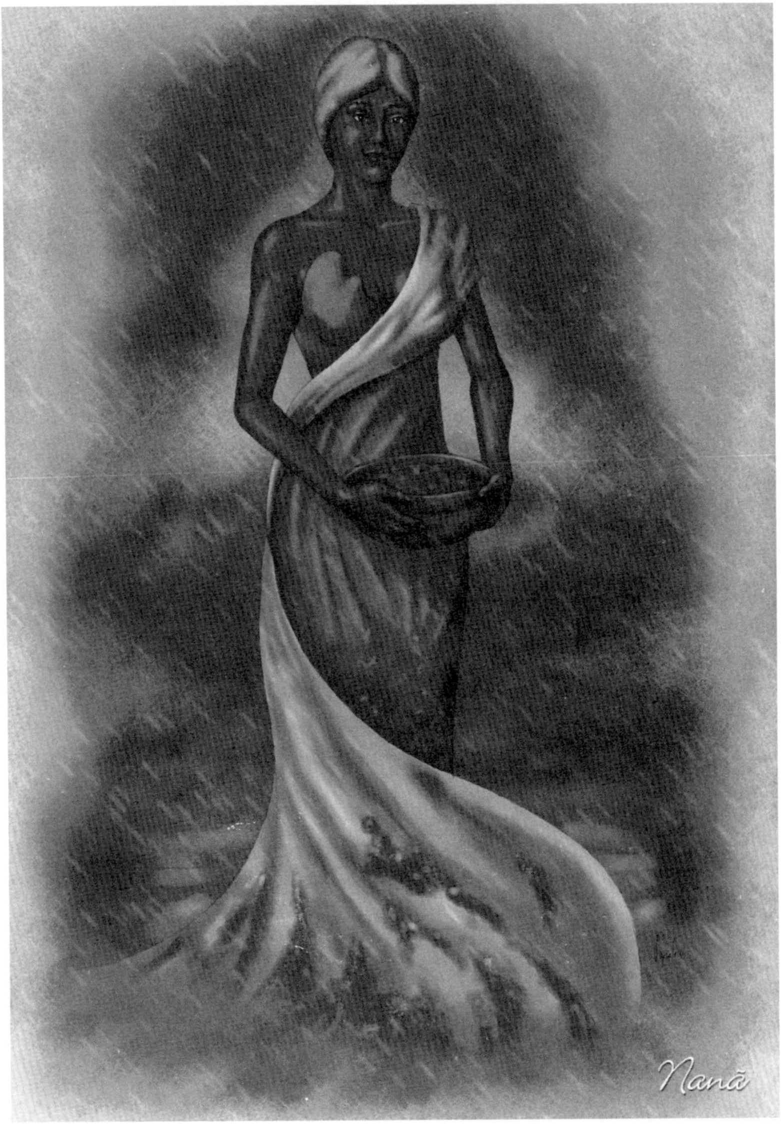
Nanã

A carta de Nanã

Nanã é uma avó, o Orixá que foi a mulher mais sábia e respeitada do seu reino. Ela é um destaque entre as iabás. Nanã representa a mulher que tem muito conhecimento de vida e é capaz de ajudar usando sua experiência.

Esta carta traz Nanã no seu aspecto anciã; uma mulher que já passou pela fase da menina, da amante e da mãe. Agora, como avó, ela mostra às outras mulheres como viver melhor cada uma dessas etapas da vida, mas também ensina a magia. Com Nanã o ciclo lunar se completa e é por isso que ela está ligada à Lua Nova, que é a luz menos intensa. Não que Nanã seja pouco iluminada, ela condensa a luz e reserva sua energia.

O elemento de Nanã é o barro, sua força está na terra molhada. Todos os objetos de cerâmica e louça são uma doação dela, feitos com sua energia sempre voltada para o servir.

Ela é a esposa de Oxalá. É uma defensora das mulheres. Conta a lenda que ela fez um jardim com muitas árvores e, cada vez que um homem maltratava sua mulher, ela o pendurava numa árvore e ali o esquecia. Oxalá enfeitiçou Nanã e, quando ela adormeceu, soltou os homens, vestindo-os de mulher, para que pudessem fugir dos espíritos que cuidavam do jardim.

Esse simbolismo de vestir-se de mulher é interessante. Significa ser mulher temporariamente e, assim, entender o que é ser uma mulher. Desse modo, os homens não mais tratam mal suas esposas.

Quando a carta de Nanã falar com você, para dar um aviso ou responder a uma pergunta, lembre-se das palavras-chave:

Restrição

Limites

Serviço

Intuição

Lembranças

Ambição

Tenacidade

Persistência

Estrutura

Poupança

Sabedoria

Insatisfação

O AVISO DE NANÃ

Quando tiramos a carta de Nanã, sempre nos lembramos primeiro de seus aspectos limitadores. Ela tem muitos significados bons, mas, assim como Omulu, Nanã é restritiva e traz alguns impedimentos.

Os limites de Nanã são principalmente com relação ao tempo e a condições circunstanciais, que se revelam bloqueios temporários. Assim, pense ao ver esta carta: "Terei que esperar".

O barro, elemento desse Orixá, precisa ser trabalhado com as mãos, precisa ser queimado e só depois disso se transforma em tijolos e utensílios. Assim é Nanã, ela avisa que, para construir ou se aproveitar de algo, ainda há muito o que fazer.

Nanã, quando aparece num terreiro sagrado, faz uma dança lenta; ela é vagarosa ao agir. Mas é persistente, e quem espera sempre alcança.

Bom momento para fazer reservas de dinheiro, bom momento para planejamentos e bom momento para aprender mais.

Vá sem pressa, aprenda a esperar, persevere.

A RESPOSTA DE NANÃ PARA O AMOR

Apesar de ser restritiva em seus significados básicos e anunciar uma certa lentidão, esta carta é ótima para quem quer saber sobre a vida afetiva. As características de Nanã quando se trata de amor e de família são: sinceridade, paciência, capacidade de perdoar, dom para melhorar a alma de quem ama, seriedade, empenho e dedicação à família.

Embora não existam indícios de paixão, os sentimentos são profundos e têm uma certa solidez. A estabilidade é importante no momento; todas as situações que propiciem a manutenção da ligação afetiva devem ser estimuladas.

A insegurança pode atrapalhar um relacionamento, e Nanã tem como característica a necessidade de proteção e segurança, por isso, para ganhar o afeto de alguém, será necessário deixar claro o que você deseja para vocês dois no futuro.

Como é uma carta que indica lentidão, o relacionamento demora para chegar no altar. Se não tem um parceiro, você vai demorar para encontrar um que valha a pena. Para quem já está casado, esta carta é indicação de relacionamento estável e sólido, que vai durar até a velhice.

Nanã é esposa de Oxalá e ele sempre lhe foi fiel, embora apenas uma única vez tenha sido seduzido por Iemanjá, que depois não quis mais ficar com ele. Oxalá voltou arrependido para Nanã e foi perdoado. Infelizmente, ao tirar a carta de Nanã, a mensagem pode ser que você terá que perdoar seu amor por alguma falha.

Esse perdão pode não estar ligado a uma infidelidade, mas a um deslize que vale a pena deixar passar. O perdão também pode se referir a outros problemas, como má administração dos bens da família, egoísmo ou fascínio pelo luxo e aparências. Mas depois de perdoar, você poderá ter certeza de que nunca mais o seu amor cometerá o mesmo erro.

Para a família, esta carta é uma boa indicação. Haverá harmonia e fortalecimento dos elos familiares. Talvez exista uma certa dificuldade para se externar os sentimentos de afeto, mas há muita sinceridade e disposição para ajudar um ao outro quando necessário.

Nanã combina com Oxalá e Omulu, mas deve ter cautela com Iemanjá e evitar brigas com Ogum.

A RESPOSTA DE NANÃ PARA O DINHEIRO E A PROFISSÃO

Algumas características de Nanã devem ser lembradas quando ela responde à nossa pergunta sobre finanças. Nanã gosta de barro e madeira. Ela é calma, perseverante, trabalha mais do que uma pessoa comum pode suportar e, além disso, é defensora da poupança: ela gosta mais de guardar dinheiro do que de gastá-lo.

Há muita chance de bons resultados para quem deseja montar um negócio nos ramos a seguir: sapataria, lavanderia, hotelaria, cerâmica, marcenaria, negócios imobiliários, administração de bens, comércio de artigos usados e de antiguidades.

Quem procura emprego deve tentar as áreas relacionadas com hospitais, prisões, asilos, controle de estoque. Talvez tenha boas oportunidades se fizer cursos nas áreas de logística, estatística, enfermagem, medicina ou agricultura orgânica.

Para quem está com poucos recursos ou sem trabalho, Nanã anuncia que sua vida profissional está numa fase de estagnação, mas o aconselha a não desanimar, pois no futuro se sairá melhor do que pode imaginar. Mas é preciso paciência, pois agora está difícil reverter a situação.

Nanã diz que, futuramente, haverá tanta fartura na sua vida que você ainda poderá ajudar quem pedir o seu auxílio, mas por hora conforme-se com o que vier e aceite qualquer tarefa. Mesmo um trabalho inferior à sua capacidade deve ser aceito, pois servirá de escada para você subir um pouco mais.

Embora esta carta não favoreça associações, uma sociedade entre marido e mulher pode dar certo. Mas um terá que ser o cabeça e o outro, o executor. Um terá boas ideias e cuidará da administração, e o outro se envolverá com empregados e clientes.

A RESPOSTA DE NANÃ PARA A SAÚDE

Nanã é um Orixá ancião. Junto com Omulu, ela simboliza a vida longa. Ela anda curvada e parece frágil, mas é muito resistente. Assim, a primeira mensagem desta carta com relação à saúde é: há capacidade de recuperação e a vida tende a ser longa.

Há muitos pontos frágeis a se levar em conta. Em primeiro lugar, estão os problemas circulatórios. Você pode sofrer de varizes, flebite, trombose ou hemorroidas. O formigamento nas mãos e nos pés, o frio nas extremidades e as câimbras podem surgir como reflexo da má circulação.

Esses sintomas exigem tratamento com um especialista, adepto da alopatia. Uma dieta, hábitos saudáveis na rotina diária e um tratamento médico farão milagres. A cura sempre é possível quando surge esta carta.

Muitas atitudes relacionadas a Nanã são fonte de males físicos; esses hábitos podem estar enraizados, mas devem ser revistos para que a cura total possa acontecer. Evitar o pessimismo, a rabugice e a insegurança, eis a primeira mudança necessária. Depois, continue fazendo algumas alterações: passeie mais, participe de alguma atividade filantrópica, não guarde rancor.

Tudo o que lhe permite o contato com a terra é benéfico. Você pode cuidar de um jardim ou manter uma pequena horta. A terapia com argila também é uma boa opção.

Os ossos devem merecer sempre muita atenção, para evitar fraturas e falta de cálcio. Osteoporose, artrite e reumatismo podem ser problemas na idade avançada. Com o passar dos anos, a pele fica muito delicada e fina. Há possibilidade de alergias e irritações.

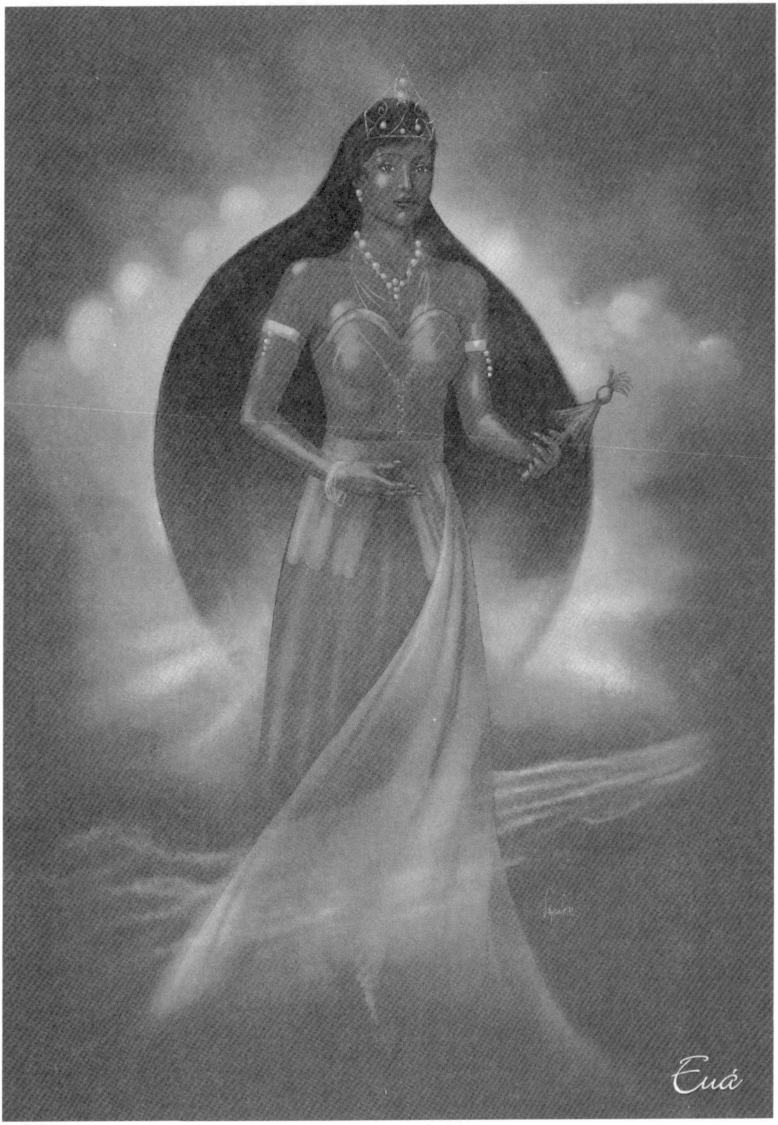
Euá

A carta de Euá

Euá é a iabá mais perfeita de todas, com muitas qualidades e poucos defeitos. Esse Orixá não é muito conhecido, pois Euá só faz parte das linhas de alguns credos religiosos.

Euá é representada, na natureza, pelo céu cor-de-rosa. Ela é uma joia rara. Quando aparece, se manifesta em beleza, delicadeza e atos perfeitos.

As qualidades de Iansã e Oxum definem Euá. Por um lado ela traz a iniciativa, as conquistas por meio da luta e a capacidade de lidar com espíritos. Por outro lado ela traz sensibilidade e a preocupação com o bem-estar das pessoas que ama. Se Oxum traz amor, Euá traz casamento. Se Iansã traz a crise, Euá é quem apresenta as soluções.

Sendo assim, a carta de Euá é extremamente favorável em muitos aspectos.

Euá, conta a lenda, estava lavando roupa na beira do rio quando Orumilá, o adivinho, chegou. Orumilá vinha perseguido por Ecu, a morte. Euá ficou com pena, escondeu Orumilá sob uma pilha de roupa e enganou Ecu, apontando uma direção por onde Orumilá supostamente teria ido. Por ter sido salvo por Euá, Orumilá lhe deu o dom da adivinhação e a fertilidade, pois ela não conseguia engravidar.

Como outras iabás, Euá é influenciada pelas posições lunares. Como o Orixá, sua carta pode trazer uma resposta hoje que mudará mais adiante. Certas informações que ela traz serão menos permanentes ou terão menor duração.

Quando a carta de Euá falar com você, para dar um aviso ou responder a uma pergunta, lembre-se das palavras-chave:

Perfeição

Amor

Casamento

Vitória

Intuição

Maternidade

Discrição

Simplicidade

Solidariedade

Proteção

Soluções

Raridade

O AVISO DE EUÁ

Se você tirar a carta de Euá, saiba que está recebendo um aviso para relaxar. Sente-se e espere, logo verá que as coisas ficarão mais fáceis e tranquilas. O céu vai derramar sobre você muitas bênçãos.

Use mais sua intuição, porque ela pode ser um guia seguro; não duvide das sensações que está sentindo, pois elas podem estar apontando para o futuro.

Esta carta aparece para quem estará entrando numa fase muito positiva para o casamento e o amor. Pode ter certeza de que sua vida ficará mais feliz na área sentimental.

As decisões que tomou no passado podem ser revistas no momento presente. Se quiser modificar as suas posturas diante da família, do amor ou dos negócios, isso poderá ser feito com acerto agora.

Há muita fertilidade em Euá, além de paz, harmonia e ações corretas, que beneficiam a todos.

Você poderá receber boas energias se fizer contato com cores e sons de qualidade superior. Visite museus, vá a concertos.

Não se esqueça de que estará muito influenciado pelas mudanças lunares. Use a Lua Nova para se organizar e sair de casa. Na Lua Crescente, inicie o que quer ver prosperar. Na Lua Cheia, você projetará muita energia para fora, modere-se. Na Lua Minguante, ficará naturalmente mais calmo, mas não se deixe deprimir; faça tratamentos estéticos e de saúde.

Para quem está sob a influência de Euá, um importante conselho: não exija demais das pessoas, procure ouvir e compreender os problemas que cada um está vivendo.

Interesses na área da ecologia e da defesa dos direitos das minorias podem atrair você. Sua ação nessas áreas seria muito compensadora agora.

A RESPOSTA DE EUÁ PARA O AMOR

A carta de Euá é muito inspiradora quando se trata de amor e de família; suas mensagens são sempre favoráveis quando se trata desses assuntos.

Euá rege o casamento. Portanto, tirar sua carta é certeza de casamento para quem ainda não está unido ao seu amor. Quem está solteiro pode ter certeza de que vai se casar, caso a pergunta se refira a isso. Ainda que a carta de Euá não dê certeza de que o casamento é com o parceiro do momento, a previsão do casamento é certa. E será uma boa união, perfeita e bonita como o céu cor-de-rosa de Euá.

Muita esperança na área afetiva! Sim, essa é a mais importante mensagem trazida pela carta de Euá. O amor, quando orientado por esse Orixá, é sincero, compromissado e duradouro, com respeito mútuo e metas em comum. Todos os pactos estão beneficiados, mesmo aqueles mais difíceis de manter.

Além de anunciar casamento, Euá também tem influência sobre as uniões já estabelecidas. Para os casados, ela vem anunciar uma fase de reestruturação do casamento, com mais envolvimento e carinho entre o casal. As questões que precisam de ajustes com certeza serão resolvidas, e o relacionamento passará por mudanças que só contribuirão para fortalecê-lo.

Euá também tem relação com a maternidade. Oxum é o Orixá que anuncia gravidez fácil e certa. Iansã anuncia a gravidez indesejada. Euá é o Orixá que anuncia a gravidez que demora um pouco para acontecer, mas que chegará com certeza, trazendo muita felicidade.

Para a família é um bom momento, os laços irão se firmar, todos tendem a evoluir por meio do apoio mútuo. Com gentileza, respeito e dedicação, as relações familiares serão satisfatórias. A família pode aumentar, com a chegada de uma criança que é aguardada com grande ansiedade.

Se você quer saber como é uma pessoa, a carta de Euá diz que se trata de alguém com muitos pontos positivos e poucos aspectos negativos. Pode-se amar essa pessoa com segurança.

A associação de Euá com Omulu ou Oxalá é boa, mas é tensa com Ogum e insatisfatória com Xangô.

A RESPOSTA DE EUÁ PARA O DINHEIRO E A PROFISSÃO

Os interesses de Euá estão focalizados primeiro no lar, depois na profissão. Assim, quando esta carta vem em resposta a uma pergunta sobre trabalho, ela mostra que esse tema tem uma importância relativa.

Euá rege as associações, em todos os níveis. Portanto, ao tirar esta carta, pense nas sociedades como uma possibilidade interessante. Esta é a única carta que não desaconselha sociedades comerciais.

Esta carta mostra que você não precisará se preocupar com dinheiro; haverá recursos de sobra. Conte com um bom período nas suas finanças.

Para quem está empregado, esta é uma carta boa, que indica progresso. Para quem busca uma colocação no mercado profissional, ela anuncia que a pessoa logo estará empregada.

As áreas regidas por Euá são as mesmas de Oxum e Iansã, o que torna muito variada a escolha de uma atividade profissional. Boas opções: secretariado, enfermagem, orientação educacional, obstetrícia, ensino ou psicologia. Algumas alternativas são: comércio de líquidos, viagens, alimentação, decoração, estética, línguas, importação e exportação.

O ocultismo pode se transformar numa profissão, pois a capacidade de trabalhar com oráculos e de ensinar sobre assuntos místicos faz parte do simbolismo desta carta.

A vida material está equilibrada e o período será mais de entrada do que saída de recursos.

A RESPOSTA DE EUÁ PARA A SAÚDE

Esta carta é uma das que trazem saúde. Quem não está bem fisicamente, vai encontrar a cura; e quem está em boas condições físicas, irá mantê-las.

Os pontos fracos apontados por Euá são as pernas, os ovários ou a próstata e os pulmões. Mesmo assim, todos os problemas nessas áreas têm tratamento e serão resolvidos.

Trate preventivamente da circulação, dos rins e dos nervos. Esses pontos tendem a incomodar quando a pessoa atinge uma idade mais avançada.

O aviso de Euá para a saúde é: não negligencie pequenos sintomas. Trate logo no início qualquer disfunção e você terá vida longa.

Quando surge esta carta, os médicos têm muita facilidade para acertar o tratamento. Pode confiar no diagnóstico e seguir as prescrições com tranquilidade.

Um defeito da pessoa que tira esta carta: não fala quando se sente mal. Assim, quando vai dizer alguma coisa, a doença já evoluiu e o tratamento fica mais demorado. A razão disso é o medo dos médicos e a crença de que pode se tratar sozinho.

Boas opções alternativas para este Orixá são a fitoterapia, a acupuntura e a homeopatia.

Obá

A carta de Obá

Obá não é um Orixá tão conhecido como as outras iabás, mas o poder dela tem uma força crescente. Sua energia está ligada ao cobre e às águas revoltas. Obá é uma guerreira, uma mulher de valor, capaz de grandes realizações, mas que traz também pequenos contratempos.

Ela não foi feliz no amor e sua história é triste. Obá foi uma das esposas de Xangô e, para fazer com que seu esposo a amasse mais, ela até cortou a própria orelha. Oxum disse a Obá que Xangô gostava mais dela porque ela fez comida para ele e pôs na comida sua orelha. Obá quis fazer o mesmo que Oxum para ser mais amada, mas Xangô viu a orelha dentro da panela e a desprezou, enojado.

Quando Xangô deixou Obá, ela chorou tanto que virou um rio de águas revoltas, por isso Oxum e Obá não podem se encontrar que sai briga.

A modéstia é uma das características de Obá. Ela não gosta de se destacar, mas não se oculta quando é hora de agir. Sua vontade é de uma tenacidade imensa, mas, por mais que faça, ela nunca se sente compreendida. Por isso, Obá gosta mais da solidão e só mantém ligações especiais.

Quando a carta de Obá falar com você, para dar um aviso ou responder a uma pergunta, lembre-se das palavras-chave:

Castigo

Revolta

Problemas

Rejeição

Dívidas

Desprendimento

Valor

Dificuldade

Conflito

Incompreensão

Dignidade

Homossexualismo feminino

O AVISO DE OBÁ

Pelas palavras-chave de Obá, pode-se perceber que esta carta anuncia dificuldade. No entanto, não se trata de grandes dificuldades, mas de contratempos, que incomodam muito, dão muita dor de cabeça, mas acabam sendo resolvidos.

Não espere reconhecimento, compreensão ou mais amor. Prepare-se para lutar e conquistar seu espaço. Tenha paciência e aceite o trabalho árduo de abrir portas para sua existência.

Mantenha sua dignidade, não se incomode com falsidades ou rejeições, pois mais tarde será recompensado. Use o bom-senso, tenha paciência, seja mais flexível.

O grande problema anunciado pela carta de Obá está relacionado às dívidas. Vivemos tempos de endividamentos, estimulados pelo crédito fácil e pelo consumismo. Nesse caso, o aviso é: qualquer gasto feito por impulso e que gere uma dívida será muito negativo agora.

Quem emprestou dinheiro ou foi avalista, isto é, ajudou outra pessoa a se endividar, terá também dores de cabeça.

A RESPOSTA DE OBÁ PARA O AMOR

Duas palavras-chave de Obá devem ser lembradas quando esse Orixá responde a uma pergunta sobre amor: rejeição e castigo. Não parece muito promissor, mas pode vir a ser, se você souber conhecer melhor as razões por trás disso e se estiver com disposição para deixar o amor se firmar aos poucos.

Ao tirar a carta de Obá, você pode estar vivendo o fim de um romance que deixou marcas profundas.

Se quer encontrar um novo amor, esta carta anuncia que isso não será fácil no momento, mas que será possível um pouco mais à frente. Enquanto espera, faça uma revisão nas situações amorosas que viveu no passado e prepare-se para não cometer os mesmos erros numa relação futura. Quando achar alguém, mantenha sua autoestima, espere o outro mostrar o que tem a oferecer em termos de amor e dedicação para depois se entregar.

Se você já tem um amor, esta carta pode estar mostrando que você se dedica demais e às vezes sufoca quem ama, com muitas atenções ou intromissões na sua privacidade.

A carta de Obá indica que o interesse por sexo numa relação é grande; o romantismo fica por conta de outros Orixás, como Oxum ou Iemanjá. Com Obá, o amor físico é a primeira motivação.

O amor regido por Obá tem fidelidade, honestidade, desejo de permanência e dedicação à família.

Se você quer saber como é uma pessoa, lembre-se de como é este Orixá e você terá uma boa visão dela: dedicada, honesta, já sofreu por amor, pode parecer apagada ou triste, mas tem muito a oferecer.

Na vida familiar, esta carta pode indicar que a pessoa é muito cobrada pelos familiares, que podem até abusar de sua boa vontade. Há uma certa tendência a servir, sem levar em conta as próprias necessidades. O tempo e o esforço dedicados ao lar são maiores do que as recompensas e o reconhecimento da família.

Às vezes Obá rege o amor entre duas mulheres.

Obá adora Xangô, mas não terá felicidade com ele; é feliz com Iemanjá e briga muito com Oxum.

A RESPOSTA DE OBÁ PARA O DINHEIRO E A PROFISSÃO

A restrição e a luta de Obá são os primeiros aspectos desse Orixá a ser levados em conta quando a pergunta é relativa à vida financeira. Não espere muito dinheiro no momento, mas saiba que, com esforço e dedicação, você fará muitas conquistas materiais.

O grande problema que Obá anuncia na área das finanças são as dívidas. Fuja delas, não faça empréstimos para si nem dê dinheiro emprestado para quem lhe pedir. Ser fiador ou dar qualquer tipo de crédito só resultará em grandes preocupações futuras.

Se não há entradas de dinheiro e não é aconselhável fazer dívidas, use as armas de Obá, que são a dedicação ao trabalho e a independência, para construir suas bases materiais.

As áreas regidas por Obá são: trabalho com deficientes, fonoaudiologia, informática, construção civil, mineração, ecologia, ensino, decoração, esportes, representações comerciais. Obá é mais associado ao trabalho realizado por conta própria do que como empregado.

Você pode fazer associações, desde que escolha bem. Nos negócios, você se dará bem com as filhas de Nanã, mas também forma boa parceria com Oxóssi, Ogum e Ossãe. Dificilmente se sairá bem se fizer associações com Xangô ou Oxum. Pode receber ajuda de Iansã.

Para quem já tem emprego, esta carta fala apenas de pequenos contratempos – dores de cabeça mais relacionadas com a rotina profissional do que com um problema significativo.

Para quem busca uma colocação, a carta de Obá traz limites temporários: ou você terá que fazer por algum tempo um trabalho que não aprecia ou terá que esperar um pouco até obter uma posição profissional satisfatória.

A RESPOSTA DE OBÁ PARA A SAÚDE

Esta carta jamais anuncia uma doença grave ou um risco sério para o bem-estar físico. Ela é a carta dos contratempos, que podem trazer limitações temporárias de pouca gravidade.

Obá traz febres intensas, que abatem o ânimo, dores de cabeça que atormentam, infecções nos ouvidos, crises emocionais. São comuns dores na região dos rins, infecções urinárias e cálculos renais.

Obá avisa: pancadas na nuca na prática de esportes podem causar lesões neurológicas; nunca deixe de proteger essa área quando estiver realizando uma prática esportiva.

Você se curará se diminuir o ritmo de trabalho, fizer caminhadas ao ar livre e tiver mais autoestima.

Se tirar esta carta, saiba que os tratamentos costumam dar resultado e o mal não deixará sequela. Às vezes a doença é totalmente inesperada, vem de repente e depois some como apareceu: sem avisar.

Não há tendência para doenças crônicas nem degenerativas. Esta é uma das cartas que anunciam vida longa.

Se a sua dúvida é sobre saúde, lembre-se de que Obá prenuncia uma fase em que se vai reagir com doenças à falta de amor, à infelicidade e ao abandono. Passeie muito, procure a companhia de pessoas alegres, frequente ambientes festivos e mais agitados do que procura normalmente, assim evitará o estado de recolhimento que no momento lhe fariam mal.

Ossãe

A carta de Ossãe

Ossãe é o Orixá mais misterioso de todos, sempre está escondido atrás das folhagens, na mata. Ele é representado na natureza pelas folhas, principalmente por aquelas que possuem poder de curar as doenças da humanidade.

Ossãe é um Orixá que foi homem, teve esposa e um dia largou tudo para morar na mata, onde virou feiticeiro e rainha. Ali seduziu Oxóssi, que largou suas esposas para viver o amor de Ossãe.

Uma lenda conta que um dia Iansã, a dona do vento, espalhou as folhas de Ossãe para que os outros Orixás pudessem pegá-las. Mas isso de nada adiantou, os Orixás pegaram as folhas, mas não sabiam como usá-las para curar.

Contam também que Ossãe era muito pobre, mas ficou rico depois que recebeu uma bênção de Oxalá. No entanto, ele deixou todos os seus bens para a esposa e foi para a mata viver sua missão de vida, que era trabalhar como curador. Ali ele voltou a ficar próspero, pois Ossãe sempre cobrou caro pelos seus tratamentos. Há muita doação em Ossãe, apesar do seu lado comercial. Sem suas pesquisas, a cura não existiria para todos.

Um importante aspecto de Ossãe está relacionado com o senso de justiça. Ele é um Orixá justo, que traz colheitas a quem merece. Mas a justiça divina também se manifesta por meio de Ossãe e quem está tão abatido que só uma boa nova iria consolar vai receber alguma coisa de valor, que lhe trará de novo a vontade de viver.

Quando a carta de Ossãe falar com você, para dar um aviso ou responder a uma pergunta, lembre-se das palavras-chave:

Equilíbrio

Cura

Pesquisa

Independência

Organização

Praticidade

Preço justo

Reserva

Justiça

Segredo

Sedução

Magia

O AVISO DE OSSÃE

Esta carta sempre aparece nos períodos de bonança. Ela traz fartura, amor e cura. Imagine a vida fluindo normalmente, sem tropeços e com um estado pacífico de felicidade – essa é a visão que Ossãe traz quando rege seus dias.

O equilíbrio é uma das mensagens de Ossãe, a busca da harmonização do corpo deve ser prioridade para quem tira esta carta.

Ossãe é o Orixá mais crítico, ele tem muita facilidade para avaliar e julgar o que os outros Orixás fazem, mas ele mesmo não aceitava que lhe fizessem críticas. Essa característica pode servir como mensagem: faça agora uma autocrítica e veja o que, em você, pode estar incomodando os outros.

O isolamento e a reserva são qualidades de Ossãe. Esta carta pode ser um aviso de que é melhor você não se expor e manter suas ações resguardadas da influência dos outros.

A RESPOSTA DE OSSÃE PARA O AMOR

Embora Ossãe tenha tido mais de uma união, a sua carta traz indicação de poucos amores no momento. Ela trata mais da busca interior e da definição do que você quer para si nessa área.

Há uma necessidade de se viver uma vida afetiva mais plena, mas se isso não for possível no momento, o isolamento temporário é uma possibilidade.

O amor, quando regido por Ossãe, é sempre diferente dos padrões da época e do lugar. É um amor que às vezes só faz sentido para os dois envolvidos; os outros não saberiam entender. Manter uma atitude reservada e discreta é o melhor nesse caso.

Ossãe foi verdadeiro quando deixou a família para amar quem queria. A verdade é uma característica sua. Mas ele não se expõe para não sofrer as críticas com relação às suas escolhas.

Muitas pessoas, quando querem viver um romance diferente, vão morar num lugar em que não são conhecidas. Essa pode ser a sugestão da carta de Ossãe.

Existe a possibilidade de se realizar uma conquista amorosa, pois a sedução é uma das qualidades de Ossãe, que é feiticeiro.

Tanto para quem está só como para quem está com alguém, a mensagem desta carta é: avalie como você está agora antes de fazer mudanças; sinta o que o seu coração quer de verdade. Só depois você deve agir. Mude se for possível atender o coração plenamente, do contrário é melhor esperar um pouco.

Não há infidelidade em Ossãe. Quando o Orixá não quis mais sua relação amorosa, foi embora, mas não traiu.

Se você está querendo saber como é uma pessoa, a carta de Ossãe avisa que se trata de alguém confiável, muito reservado, crítico, irritadiço e metódico. Por outro lado, é inteligente, elegante nas atitudes, protetor e pouco ciumento. Não tem um temperamento cordato, e é às vezes mal-humorado. Com essa combinação, temos alguém com muitas qualidades e vários defeitos.

Casamento formal é algo que não atrai Ossãe, por isso esta carta não anuncia, com certeza, um casamento. No entanto, ela pode prever essa união para um futuro mais distante, desde que atenda às necessidades da alma mais do que às do corpo. Ossãe anuncia uma tendência para se viver um amor com uma pessoa do mesmo sexo.

A RESPOSTA DE OSSÃE PARA O DINHEIRO E A PROFISSÃO

Ossãe era pobre e ficou rico graças a uma bênção recebida – essa foi a história dele. Depois este Orixá deixou tudo o que tinha para a esposa e foi morar longe. Ali aprendeu sobre o poder de cura das folhas e a fazer remédios, que vendia por um preço alto; assim voltou a enriquecer. A lenda conta que até para a mãe dele, que estava doente, Ossãe só enviou o remédio depois que foi pago. Com certeza ele ficou rico de novo porque sabia cobrar e fazia algo que poucos sabem fazer.

Transpondo a lenda para a realidade, podemos imaginar algo semelhante ao tirar a carta de Ossãe. Enriquecer é algo duplamente possível. Também é preciso saber cobrar e fazer algo bem especial, com pouca concorrência.

Ossãe tem como característica: o trabalho sério e dedicado, com base em algum conhecimento especializado. Seguindo essa linha, não há como errar.

As áreas de trabalho mais indicadas por ele são: farmácia, laboratório, medicina natural, acupuntura, medicina, enfermagem. Essas são as mais favoráveis, mas esta carta também pode indicar contabilidade, logística, transportes, advocacia, hotelaria, uso de máquinas e aparelhos de precisão.

A próspera indústria farmacêutica, com todas as oportunidades que oferece nas mais diversas áreas de atuação, está sob a regência de Ossãe. Há toda a parte comercial, o marketing, a propaganda, as vendas, a logística. A área jurídica, com patentes e marcas. Há a área científica, com pesquisa e criação. Talvez a área menos explorada seja a que mostra como é a relação do doente com os medicamentos e com os médicos, esta deveria ser objeto de atenção da antropologia.

Ocupações assistenciais estão na lista de Ossãe, mas só se forem bem pagas, como em clínicas e asilos para pessoas de posses.

Quem busca emprego tem uma resposta positiva desta carta, mas precisa se preparar melhor para ser mais bem remunerado. Quem já está empregado, vai receber uma nova responsabilidade e terá que se preparar para uma função mais elevada.

Uma importante mensagem da carta de Ossãe para as finanças é: veja se você não está cobrando pouco pelo seu trabalho. É melhor trabalhar menos e cobrar mais; a qualidade do seu serviço vai aumentar e a sua fama também. Mantenha-se atualizado e busque inovações.

A RESPOSTA DE OSSÃE PARA A SAÚDE

Se Omulu anuncia a doença, Oxumaré vem para trazer a cura. Se Omulu é o médico, Ossãe é quem faz os remédios.

Para quem está doente, tirar a carta de Ossãe é receber a mensagem da cura, do equilíbrio, da restauração das forças.

Para quem está bem, ela vem apenas apontar prováveis pontos fracos que devem ser considerados como foco de problemas no futuro.

Ossãe é regente dos intestinos, portanto, pode haver problemas nessa área do corpo. Evitar a prisão de ventre, manter os intestinos em bom funcionamento é uma atitude preventiva, portanto. Assim, serão evitadas várias doenças como diverticulite, apendicite, diarreia, colite, má nutrição e má assimilação dos alimentos. As preocupações, os hábitos errados de alimentação e a rotina de vida estressante são muitas vezes a causa do mau funcionamento intestinal.

Para curar, Ossãe usa as folhas, por isso, ao tirar a carta deste Orixá, use a fitoterapia e terá sucesso. Mas a regência de Ossãe abrange todos os processos de cura. Em primeiro lugar estão a homeopatia e os florais. Mas também pertence a Ossãe toda a linha de medicamentos de farmácia.

No que diz respeito à cura, a carta de Ossãe pode mostrar que, além de medicamentos, será necessária uma mudança de ares. Isto é, talvez onde você esteja vivendo exista algum fator nocivo para o seu organismo.

Esta carta também anuncia que o seu lado emocional pode ser responsável pelos seus problemas de saúde. Algumas atitudes mentais positivas podem aumentar o potencial de cura do tratamento, pois restabelecem a harmonia e a tranquilidade emocional.

Oxumaré

A carta de Oxumaré

Oxumaré é filho de Nanã e Oxalá. Na natureza, ele é representado pelo arco-íris. É um Orixá que tem dentro de si a dualidade, não é masculino nem feminino.

Durante seis meses, Oxumaré é uma serpente e vive como qualquer cobra, arrastando-se pela terra. Na outra metade do ano, ele tem a forma de uma bela e jovem princesa e vive num palácio.

Essa existência entre opostos caracteriza Oxumaré e cria vários simbolismos relacionados com ele. Oxumaré contém em si tanto o bem como o mal, traz a verdade e a mentira, oferece o doce e o amargo.

Houve um tempo em que Oxumaré se revoltou contra esse seu aspecto dual. Quando era uma bela jovem, tinha muitos pretendentes, mas, quando se tornava uma serpente, os seus amores fugiam. Então, Oxumaré culpou sua mãe, Nanã, por toda a infelicidade que sentia e Exu logo o convenceu de que merecia uma compensação. Nessa época, Oxumaré estava com a forma de serpente, morando no mato, e foi atrás de Nanã. Quando entrou no palácio da mãe para fazer a cobrança que Exu a estimulara a fazer, os empregados fugiram. Nanã, embora triste pelas exigências do filho, obrigou todos no palácio a aceitarem Oxumaré da maneira como ele estivesse e lhe deu sua coroa de rainha. A partir de então, seja como cobra, seja como princesa, Oxumaré vive no palácio.

Quando a carta de Oxumaré falar com você, para dar um aviso ou responder a uma pergunta, lembre-se das palavras-chave:

Rapidez

Alternância

Opostos

Fluidez

Aceitação

Transição

Exigência

Renascimento

Desconfiança

Oposição

Intriga

Inimizade

O AVISO DE OXUMARÉ

Os conceitos opostos devem ser sempre levados em conta quando se tira a carta de Oxumaré. Há o lado mais fácil e o lado mais difícil no aviso que ele dá, e ambos devem ser compreendidos igualmente.

No entanto, a carta de Oxumaré não é uma mensageira de dificuldades nem de restrições. Ela traz o conceito da fluidez, daquilo que não fica estagnado. Traz também o conceito de transitoriedade, aquilo chega de repente, mas passa depressa, tal como o arco-íris quando aparece no céu. Com esta carta, o que é menos positivo dura pouco.

Tudo o que está sob a regência de Oxumaré é acelerado, portanto, lembre-se disso ao tirar a carta desse Orixá. Algo vai acontecer de repente e muito em breve. Virá como o arco-íris que surge no céu depois da chuva. Será bom e bonito – isso é o mais provável.

Há com a carta de Oxumaré uma tendência forte para a renovação. Essa renovação costuma ocorrer depois de um período de introspecção, no qual a pessoa se isola um pouco mais. É como um Oxumaré-serpente morando num buraco na terra e mostrando, ao sair, a beleza da nova forma adquirida.

A lenda conta que no final do arco-íris há um pote com moedas de ouro. Ao tirar a carta de Oxumaré, portanto, lembre-se de que há algo de muito valor à sua espera, mas você tem que ir lá buscar.

Esta carta também nos leva a entrar em contato com os aspectos cíclicos da vida. Ela lembra que nada permanece para sempre. Assim, quem não está bem, pode ter a certeza de melhorias rápidas. Mas para quem julga ter alcançado tudo, esta carta mostra que há sempre o trabalho do tempo e que ele não deixa as coisas eternamente iguais.

Num momento você pode estar em busca de contato humano, noutro pode querer solidão e isolamento total. No momento da solidão, ocorre a recomposição e, no período de agregação, pode-se usufruir dela.

Não é um período para confiar demais, nem para ir atrás de conselhos que contrariem sua tendência natural. É melhor usar sua intuição e seguir o coração quando tiver que tomar alguma decisão, pois poderá ser induzido ao erro por alguém.

Você se lembra de como Exu manipulou a insatisfação de Oxumaré e o influenciou? Essa história traz um simbolismo que mostra o lado menos fácil da carta de Oxumaré. Talvez por essa razão os conceitos de intriga, inimizade e oposição mostrem o lado menos positivo da carta. Nesse caso também será algo transitório, mas convém ficar alerta, pois poderá surgir sem que você esteja preparado.

Previna-se apenas contra quem tem inveja e você poderá arranjar algum tipo de oposição. Saiba que alguns só sabem agir por meio de intrigas e fofocas. O inimigo, quando anunciado por Oxumaré, não causa um dano irreversível, mas incomoda bastante.

A RESPOSTA DE OXUMARÉ PARA O AMOR

Quando a carta de Oxumaré responder sobre o amor, a sua interpretação pode ser meio complicada. Uma hora ela diz uma coisa, noutra significa o oposto.

Para quem está sem amor, a carta de Oxumaré é um aviso de que você vai encontrar logo alguém. Mas tanto pode aparecer uma serpente como uma pessoa de grande beleza interior. Você deve ter cautela ao se envolver, indo aos poucos na entrega do coração. E esse relacionamento pode não durar, como também não dura o passageiro arco-íris.

Se você já tem um relacionamento, espere algumas modificações em breve. A tendência é que sejam alterações favoráveis, trazendo, como o arco-íris, mais luz e beleza para a sua vida. Mas não devemos nos esquecer de que Oxumaré sofreu a influência de Exu, por isso esta carta também pode ser prenúncio de alguma confusão na área afetiva.

Esta não é uma carta de infidelidade, geralmente a regência de Oxumaré não fala de amores duplos. A franqueza é uma característica desse Orixá, assim, saiba que você sempre será avisado caso seu amor encontre outro interesse fora do relacionamento.

O lado negativo de Oxumaré avisa sobre intrigas e falatórios. Pense na possibilidade de fofocas e armações para impedir que um casal fique unido. O melhor nesse caso é não dar ouvidos a nada.

Um amor que exige segredo será descoberto, avisa esta carta. Afinal, todo mundo pode ver um arco-íris quando ele aparece no céu.

A carta de Oxumaré não costuma anunciar casamento, mas também não corta essa possibilidade. Ela mostra que ainda há o que construir para que a chama do amor se fortaleça e leve o casal à união.

Para a família, esta costuma ser uma carta de alternância: os ciclos bons do relacionamento familiar são alternados com períodos mais tumultuados, portanto não há muita paz doméstica.

Se há, na família, alguém com quem você tem muita dificuldade para conviver, a carta de Oxumaré fala num aumento da tensão entre vocês. Veja se não existe alguém estimulando o desentendimento ou se intrometendo. Sem essa influência o conflito poderia se resolver.

Se você deseja saber como é uma pessoa, a carta de Oxumaré diz que se trata de alguém franco, volúvel e voltado mais para si mesmo. O amor com essa pessoa pode ser complicado por causa de constantes influências externas.

Oxumaré, por sua dualidade, traz em si o conceito do amor homossexual ou bissexual.

A RESPOSTA DE OXUMARÉ PARA O DINHEIRO E A PROFISSÃO

Algo de bom vai acontecer na área financeira e profissional em breve: esta é a primeira mensagem que a carta de Oxumaré traz sobre dinheiro. Tudo virá como um arco-íris, surgindo de repente e trazendo muita beleza e alegria.

Para quem está sem trabalho, esta carta mostra em breve um chamado para uma entrevista ou emprego; prepare-se para uma oportunidade que está chegando. Espere grande concorrência, mas você poderá superar a todos.

Você pode fazer sociedade ou manter associações de trabalho com bons resultados; em geral, você será mais beneficiado pela sociedade do que o outro sócio.

Para quem já está trabalhando, a carta de Oxumaré também mostra uma melhora em breve. Virá uma boa fase, com promoção ou aumento de salário. No entanto, há muitas intrigas no ambiente de trabalho.

As áreas regidas por Oxumaré são muitas, mas nenhuma delas é algo tradicional ou que todo mundo está fazendo. Este Orixá é especial e seu trabalho deve ser diferente, incomum. As artes e a política estão no topo da lista. Mas há também a pintura, a música, o cinema, a televisão – todas elas são boas áreas de trabalho. Para aumentar a lista de possibilidades, podem ser incluídos o jogo, a eletrônica, a aviação e a ciência.

O comércio de artigos de luxo e que possuem muito valor é uma boa opção. Oxumaré gosta de estar perto da riqueza, quer estar perto do charme e do esplendor.

A cobiça é possível com a influência de Oxumaré, ele pode ganhar bem, mas nunca acha que é suficiente. Costuma ser poupador, não esbanja o seu dinheiro, mas é ótimo para gastar o dinheiro dos outros.

Ambientes pesados, intrigas e armações, concorrentes pouco éticos e perseguição de superiores – tudo isso faz parte da face menos simpática de Oxumaré e é uma possibilidade com relação à vida profissional e financeira.

A RESPOSTA DE OXUMARÉ PARA A SAÚDE

Felizmente a mensagem deste Orixá para a saúde não é desfavorável. Com essa regência, os males do corpo geralmente são mais transitórios e leves. Surgem de repente e logo desaparecem, como o arco-íris que representa o Orixá.

O sistema nervoso é o primeiro ponto a se investigar quando se tira a carta de Oxumaré. A atividade mental intensa pode ser a causa de alguns distúrbios, como dores de cabeça ou perda de apetite. É possível surgirem espasmos musculares, transtornos do sono ou má digestão.

Há períodos em que pode haver baixa vitalidade ou anemia, o que pode ser confundido com depressão, mas a causa é antes de tudo orgânica, e não emocional.

Todos os distúrbios circulatórios estão sob a regência de Oxumaré: má circulação nas pernas e nos pés, desordens na pressão arterial, varizes. Até mesmo as doenças por contaminação do sangue são possíveis.

Para quem tira esta carta, o auge do inverno ou do verão é uma época pouco favorável para a saúde, mas há melhoras na primavera. Existe uma certa tendência para problemas cíclicos, que vão e voltam, como labirintite, alergias e dores de garganta.

A cura é possível quando se tira esta carta, mas lembre-se de que Oxumaré costuma trazer de novo aquilo que já foi embora.

Logum Edé

A carta de Logum Edé

Logum Edé é um Orixá alegre, leve e irresponsável, com características andróginas. Na natureza é simbolizado pelo cavalo-marinho, um animal que une as formas de Oxóssi (cavalo) e de Oxum (sereia).

Ele é realmente a união dessas duas forças, pois é filho de Oxum e Oxóssi. Vive seis meses na água com a mãe, comendo peixe, e seis meses na mata com o pai, comendo caça. É rainha no mato e caçador sobre as águas.

Há muita contradição em Logum Edé. Ele pode ser ambicioso, mas também desligado da matéria. Numa hora mostra um lado generoso e noutra é incapaz de partilhar.

De algum modo, a carta de Logum Edé representa um fato ou um ser especial. Pois é assim que a lenda diz que ele se tornou Orixá.

A história conta que Iemanjá passeava pelo mar e, em cada lugar pelo qual passava, os seres marinhos a seguiam encantados por sua beleza. Mas ela se afastou muito de seu reino e de repente se sentiu muito cansada para voltar. Então, todos os animais se ofereceram para levá-la de volta. Iemanjá recusou a oferta de ajuda da baleia, dos golfinhos, do polvo, da arraia, dos peixes todos. Ela olhou para o cavalo-marinho e ele nem havia se oferecido, por se achar menos valoroso. Mas Iemanjá escolheu o pequenino animal, que foi capaz de levar a rainha em segurança até seu destino. Desde esse dia o cavalo-marinho passou a ser chamado, pelos pescadores, de encantado. E todos aprenderam que os seres menores podem ter muito valor.

Quando a carta de Logum Edé falar com você, para dar um aviso ou responder a uma pergunta, lembre-se das palavras-chave:

Leveza

Vida social

Alegria

Festa

Encanto

Fuga de realidade dura

Duplicidade

Gosto refinado

Mutável

Sensibilidade

Irresponsabilidade

Abandono

O AVISO DE LOGUM EDÉ

Na maioria das vezes, a carta de Logum Edé não é mensageira de coisas ruins. Geralmente ela aparece para mostrar mais um período leve ou uma questão que tem solução.

Lembre-se das mensagens de Oxum e de Oxóssi, una os significados de ambas e você vai ter uma visão do que é possível esperar desta carta.

Mas há alguns avisos que só Logum Edé traz. Ele anuncia um período favorável para você se envolver mais com a vida social, as artes, as festas e celebrações e os ambientes elegantes. Ele quer lembrar que o lado bom da vida está aí para ser aproveitado.

As amizades e tudo o que vem por meio dos relacionamentos sociais têm relação com este Orixá. Ele nos ajuda a ter uma imagem favorável nos ambientes que frequentamos e facilita os contatos mais vantajosos, tanto profissionais quanto sociais.

Outra mensagem deste Orixá está relacionada com viagens para lugares distantes e o abandono do passado para construir algo novo. A vontade de deixar a cidade natal para ir a um lugar com mais possibilidade de expansão, o desligamento da família e o anseio da alma que quer conhecer o mundo – esses são exemplos de alguns impulsos dados por Logum Edé.

Embora não traga uma mensagem pesada, o aviso de Logum Edé não é certeza de sucesso, de conquista ou de resultados permanentes. Ele apenas traz alívio e ajuda, e às vezes é necessário mais do que isso para resolver assuntos difíceis.

O melhor é interpretar a carta de Logum Edé como um potencial de recuperação, que pode trazer um alívio temporário em situações complicadas. No entanto, esta carta não traz soluções definitivas, mas anuncia mais uma certa tendência para abandonar o que está causando pressão do que para resolver o assunto.

Sonhos e fantasias são regidos por este Orixá. Em todas as situações que você vivencia, convém analisar se você não está enxergando a realidade com olhos pouco objetivos.

A RESPOSTA DE LOGUM EDÉ PARA O AMOR

A capacidade de cativar é uma forte característica de Logum Edé. Este Orixá tem elegância, classe e muito charme. É claro que ele tem armas de conquista. No entanto, a manutenção do amor já não é tão fácil, pois o lado mais compromissado da relação fica à parte.

Logum Edé fala mais de amizades. Nesse ponto ele é forte. Mas quando se trata de amor, esta carta indica uma situação delicada.

No amor, este Orixá não dá importância à opinião alheia, gosta de receber atenções e agrados, é vingativo se for traído e se entrega totalmente quando ama. Pelas características dele podemos prever como será o amor sob a sua regência.

Se você já tem um amor, a carta de Logum Edé pede que aproveite mais da relação, vá se divertir e use sua sensibilidade para agradar e satisfazer às suas necessidades afetivas.

Para quem está sem amor, a carta de Logum Edé aponta para a chegada de alguém. Poderá não ser um amor que dure muito tempo, mas trará uma fase de leveza e alegria, se você não esperar muito do romance.

Este Orixá sempre mantém a amizade entre o casal quando o relacionamento acaba. Assim, caso o relacionamento amoroso termine, saiba que os laços não vão se desfazer por completo.

Logum Edé não tem limites para sua sexualidade; seus filhos podem ser bissexuais ou homossexuais.

Se você perguntou como é uma pessoa, Logum Edé responde que ela é alguém com uma maneira diferente de amar, que é capaz de se entregar e de ser amigo, mas que é também muito difícil de prender numa relação definitiva, ainda que ele afirme que essa é a vontade dele.

Para a família, esta carta mostra que alguém poderá ter que sair de casa, indo morar num lugar distante. Essa pessoa irá por causa de trabalho ou para estudar, e é provável que nunca mais volte a morar no mesmo lugar em que reside sua família. O marido que abandona a família também está sob a regência de Logum Edé.

A RESPOSTA DE LOGUM EDÉ PARA O DINHEIRO E A PROFISSÃO

Tanto a riqueza quanto a mais absoluta carência material são conceitos de Logum Edé. Geralmente ele sabe construir, mas tem muita dificuldade para manter, por isso, quem está com poucos recursos pode esperar algumas oportunidades de ganhos interessantes.

Há muitas áreas de trabalho abertas a Logum Edé. Tudo o que faz exige sensibilidade e envolve a vida social é favorecido. Música, teatro, dança, artes plásticas, eventos, moda, maquiagem – tudo isso agrada a Logum Edé e pode trazer bons resultados.

As profissões que envolvem o relacionamento com grande número de pessoas também trazem sucesso, pois Logum Edé é magnético e atrai as pessoas. Pense em fazer exposições, ser empresário de um artista ou dirigir casas noturnas.

Especulações e ações na bolsa não são bom negócio, quando se tira esta carta. Não arrisque na bolsa, não dê procurações nem seja avalista de ninguém. Siga sempre a orientação de um profissional para garantir a segurança dos seus negócios, mas confira tudo, não deixando nas mãos de terceiros as decisões mais importantes. Sociedades são totalmente desaconselhadas.

O sucesso depois dos 35 anos é uma característica desse Orixá.

A RESPOSTA DE LOGUM EDÉ PARA A SAÚDE

Sensibilidade é uma palavra-chave da carta de Logum Edé quando se trata de saúde. Também podemos considerar a falta de cuidado consigo mesmo como a causa de doenças presentes e futuras.

Esta carta mostra pouca resistência a doenças contagiosas, devido a um sistema imunológico pouco ativo. O metabolismo pode estar lento, as funções orgânicas pouco atuantes; tudo isso gera apatia ou desânimo. Nestes casos, o resultado é a possibilidade imediata de uma doença.

Você precisa aprender a guardar suas energias, fechando-se para influências energéticas externas e evitando desgastes emocionais para recuperar a saúde e defender-se de possíveis males.

Os pontos mais sensíveis anunciados pela carta de Logum Edé são os pés, o fígado, os pulmões e o estômago, embora a pele, a língua e os quadris possam apresentar lesões.

Também existe a possibilidade de distúrbios linfáticos e glandulares.

Esta não é uma carta de doença, mas também não é uma carta de saúde perfeita. A cura chega quando a pessoa se determina a tratar de si com disciplina e persistência.

Logum Edé não gosta de ir a consultas médicas e acha traumática uma internação num hospital.

Ibejis

A carta dos Ibeijis

Os Ibeijis são as crianças, que são sempre representadas por um casal de gêmeos. Eles são Orixás muito favoráveis, gostam da alegria, de doces e de brincadeiras.

As cores rosa e azul caracterizam os Ibeijis. Uma cor é feminina e a outra é masculina, mostrando que duas energias complementares se unem para formar uma nova vibração.

Ninguém é filho deles no culto religioso. Mas cada pessoa traz dentro de si um lado infantil, brincalhão e mais leve, um lado que sempre procura ver o que há de melhor nas pessoas, que acredita no bem e na existência da alegria.

Tudo que está relacionado com os Ibeijis é leve, fácil e tem potencial para crescer. É uma energia imaculada e ainda não tocada pelo sofrimento. Esta carta traz luz e promessas favoráveis.

Quando a carta dos Ibeijis falar com você, para dar um aviso ou responder a uma pergunta, lembre-se das palavras-chave:

Novidade

Alegria

Presente

Filhos

Jovens

Notícia

Abertura

Boa energia

Facilidade

Instrução

Dinheiro

Infantilidade

O AVISO DOS IBEIJIS

Ao tirar a carta dos Ibeijis, o primeiro aviso é sobre uma nova situação que irá trazer renovação para aquilo que você vivencia atualmente. Essa novidade pode ser em qualquer área da vida, e será sempre uma fonte de luz.

Pode surgir novo trabalho, um novo amor, um novo amigo. Alguém novo em idade, como um bebê, pode surgir no seu caminho. Afinal, esta é uma carta ligada às crianças.

Apesar de a novidade ser uma marca desta carta, não há nada nela que indique uma mudança permanente. Exceto pelo bebê, é claro.

Assim, o aviso desta carta é para que você deixe o novo entrar na sua vida e veja como essa novidade modificará as situações do presente. Se lhe agradar, faça dessa novidade uma condição permanente na sua vida.

A carta dos Ibeijis é leve, ela não vem anunciar novidades desagradáveis, pesadas ou radicais; ver sua imagem é quase sempre um alívio e uma promessa de coisas melhores.

Outro significado está relacionado com a chegada de notícias; você poderá receber uma carta ou um telefonema de alguém que não vê há muito tempo. Essa notícia é mais uma informação do que um aviso, mas ela vai trazer para você algo que já tinha saído da sua vida.

É um momento para dar atenção especial às crianças e a tudo o que esteja relacionado com elas. Filhos, afilhados, sobrinhos e mesmo os jovens, como alunos ou estagiários, são regidos pelos Ibeijis. Algum deles poderá estar precisando da sua atenção no momento. Fique atento!

A RESPOSTA DOS IBEIJIS PARA O AMOR

Uma novidade na área amorosa está sendo anunciada pela carta dos Ibeijis. Para quem está só, ela é presságio de um novo amor, com certeza. Quem está acompanhado também pode contar com novidades agradáveis.

Esta carta também é um anúncio de que você vai receber uma notícia sobre amor em breve. Essa notícia virá por carta, e-mail ou telefone.

Alguém do passado pode voltar, alguém que não quis você pode descobrir que o amor era verdadeiro e querer fazer uma nova tentativa. No entanto, nos dois casos, esta carta não garante que esse relacionamento seja para sempre. Os problemas que levaram ao rompimento precisam ser encarados; nada de ser infantil e sonhar com castelos. As dificuldades não deixaram de existir e, se não forem trabalhadas com maturidade, o relacionamento poderá terminar outra vez.

Para a família, esta carta sempre significa o nascimento de uma criança. Há um bebê a caminho e tudo se renovará com a chegada dele. Os Ibeijis não anunciam um nascimento para breve, e sim o desejo de uma alma de encarnar no seio dessa família. Caso não seja uma boa hora para uma gravidez, ainda é possível evitá-la.

Se você quer saber como é uma pessoa, saiba que a carta dos Ibeijis indica que se trata de alguém imaturo, menos capaz de levar a vida como adulto, com pouca capacidade de assumir relacionamentos sérios e que talvez goste de brincar com o amor.

Veja a carta dos Ibeijis como namoro, sempre. Para quem já tem um amor, é hora de namorar mais. Quem ainda não tem, vai achar. Os Ibeijis não anunciam casamento, pois os Orixás ainda não revelam se o namoro dará certo ou não.

A RESPOSTA DOS IBEIJIS PARA O DINHEIRO E A PROFISSÃO

Para os temas financeiros, a carta dos Ibeijis é uma boa indicação. Ela costuma mostrar uma época mais leve e com menos preocupações com relação a dinheiro.

Os Ibeijis regem tudo o que está direcionado para as crianças. Trabalho com doces, brinquedos e eventos infantis são favoráveis. Escolas para crianças menores, berçários e creches são outra possibilidade.

Em termos profissionais, os Ibeijis anunciam muita renovação. Novo emprego, nova oportunidade, novo cargo. Quem está empregado terá uma novidade como desafio e vai se sair bem. Quem busca uma colocação será beneficiado num processo de seleção e vai encontrar serviço.

Se você quer galgar degraus na sua vida profissional, a carta dos Ibeijis diz para você iniciar algo novo, que nunca fez. Mas não copie o que viu outros fazerem, pois isso não vai dar certo.

As crianças têm magnetismo, portanto, para quem trabalha com o público, como artistas e comerciantes, esta carta é uma certeza de grandes eventos e promoções.

Esta carta é um prenúncio de muito dinheiro, mas ele vem em porções pequenas, que entram diariamente.

A RESPOSTA DOS IBEIJIS PARA A SAÚDE

Como essa não é uma carta que indique problemas graves, tudo o que está relacionado com a saúde terá uma modificação para melhor. Em princípio essa é a mensagem geral para a saúde.

Como todas as cartas, a dos Ibeijis mostra os pontos mais frágeis no momento. Neste caso, os pés e mãos, pulmões, pernas e cabeça.

Evitar o excesso de açúcar, os abusos nos esportes, os riscos desnecessários na busca de emoção, os impulsos para abusar da sorte.

Cuidado com tudo o que vier de forma suave e for se instalando aos poucos. As doenças quase desconhecidas e raras, que aparecem em uma pessoa entre milhares, estão na lista das regências dos Ibeijis.

Ao ver esta carta, dê atenção à saúde dos filhos, e às vacinas, aos exames e à alimentação.

A cura anunciada por meio da carta dos Ibeijis vem através de algo novo. Pode ser também um exame novo que descubra o mal. Os novos remédios, os médicos jovens e os tratamentos de última geração são favorecidos por esta carta.

Como fazer uma leitura completa

Quando se aprende o oráculo dos Orixás, que é o jogo de búzios, é preciso aprender também as histórias dos Orixás. Nas histórias estão as chaves para interpretar o que os Orixás querem nos transmitir.

No passado, as histórias eram muitas, e várias delas permanecem vivas, mas outras devem ter se perdido no tempo.

Segundo a tradição, o número original de histórias era 16 vezes 16. Eram 256 lendas que continham todo o saber oracular. Esse número corresponde a todas as combinações possíveis entre os 16 Orixás.

Há muitos livros que contam essas histórias e interpretam os arquétipos dos Orixás com base na sua força essencial, que vem das lendas. Vale a pena conhecer.

Para interpretar este oráculo, você pode usar um método que tem como base o conjunto das combinações dos 16 Orixás. Você pode usar esse método para fazer uma interpretação mais completa do momento que se está vivendo. Vou mostrar como fazer isso usando as cartas.

Quem já trabalha com oráculos vai achar mais fácil, mas mesmo quem nunca usou um método de interpretação poderá fazer uma leitura interessante se seguir os passos que vou indicar.

Comece copiando a lista de temas a seguir. Eles serão os assuntos tratados na consulta oracular. Essa lista associa um Orixá a um tema e é sempre a mesma em todas as consultas:

PALAVRAS-CHAVE PARA OS TEMAS

Exu: vida espiritual

Ogum: moradia

Oxóssi: mudança

Xangô: finanças

Omulu: saúde

Oxalá: bênção

Iansã: oculto

Iemanjá: viagem

Oxum: amor

Nanã: propriedades

Euá: associação

Obá: contratempo

Ossãe: cura

Oxumaré: oposição

Logum Edé: amizades

Ibeijis: novidade ou filhos

Comece a consulta ao oráculo embaralhando as cartas. Depois coloque-as espalhadas sobre a mesa, com as figuras voltadas para baixo.

Inicie a leitura por Exu, para saber que Orixá quer falar sobre o tema que ele rege: a vida espiritual. Tire uma carta ao acaso para saber sobre sua vida espiritual. Anote ao lado da palavra Exu a palavra-chave que corresponde a essa primeira carta que tirou. Consulte a lista Palavras-Chave para as Cartas de Interpretação, na página 175, para saber que palavra é essa.

Agora você tem duas palavras-chave: a primeira que fala sobre o tema a ser interpretado e a segunda, que dá a interpretação. Agora, junte as duas palavras numa frase que faça sentido.

O objetivo é formar, com as duas palavras-chave, uma frase que una o tema à interpretação. Parece difícil, não é? Mas é muito fácil, você vai ver. Vou dar um exemplo:

O tema inicial é de Exu: *vida espiritual*. Imagine que você tenha tirado ao acaso a carta de Iansã para interpretar esse tema. Ao consultar a lista, você verá que a palavra-chave da carta de Iansã é *oculto*.

Junte numa frase as duas palavras: *vida espiritual* e *oculto*. Não é preciso usar as duas palavras-chave na ordem em que apareceram, mas é melhor tentar fazer primeiro assim.

Você poderá formar, por exemplo, a frase: *a vida espiritual trará o que está oculto*. Se formasse frases diferentes, também teria uma interpretação com teor próximo: *manter minha vida espiritual oculta ou a vida espiritual me levará ao oculto ou a vida espiritual tem muitas coisas ocultas para mim.*

Veja se a frase que formou se encaixa em seu momento atual e você terá uma informação oracular útil. Caso a informação não faça muito sentido no momento presente, guarde essa mensagem por escrito, pois mais tarde ela poderá ser muito proveitosa. Um oráculo, se consultado com o devido respeito e seriedade, nunca fala coisas vãs.

Em seguida, embaralhe de novo todas as cartas (inclusive a que já tirou) e pergunte sobre o segundo tema, o tema de Ogum, que trata da moradia. Pegue ao acaso uma carta. Veja na lista de palavras, no final do livro, qual é a palavra-chave que corresponde a ela. Forme uma segunda frase.

Por exemplo, se para o tema de Ogum, *moradia*, você tirou a carta de Exu, a palavra-chave é *confuso*. Podemos formar várias frases com essas duas palavras: *a moradia está confusa, o ambiente da moradia é confuso, a energia da moradia está confusa*.

Sempre anote por escrito as palavras-chave e a frase que formou com elas, para no final rever tudo, pois você vai tirar muitas cartas e poderá se esquecer. A frase que lhe vier primeiro à mente tem uma mensagem, não racionalize demais, querendo fazer frases perfeitas. Aquilo que as duas palavras o inspirarem logo de início é uma mensagem intuitiva e deve ser levada em conta, ainda que não pareça uma boa frase.

Continue sua consulta ao oráculo até passar pelos 16 temas. Sempre recoloque todas as cartas no baralho. Repita todo o processo 16 vezes, para formar 16 frases com as duas palavras-chave. Ao terminar, você terá feito sua leitura oracular. É isso o que os Orixás querem falar com você agora.

Tenho certeza de que recebeu mensagens importantes. Ainda que não possa entender de imediato todas elas, com os passar dos dias elas se tornarão mais claras.

Com a prática, você conseguirá formar frases cada vez mais completas e esclarecedoras. Para isso, amplie a lista de palavras-chave da lista básica que demos, recorrendo ao texto explicativo de cada carta, no qual há doze palavras-chave para cada Orixá.

Inicialmente, atenha suas interpretações a uma palavra-chave para cada Orixá. Só arrisque aumentar esse número quando conhecer melhor os Orixás.

Um alerta: é preciso refrear o impulso de começar outra consulta logo ao terminar a leitura. Não faça isso. Não se deve abusar de um oráculo, por isso espere pelo menos alguns dias até fazer nova consulta. O oráculo que é usado em demasia pode passar a transmitir informações imprecisas ou sem sentido.

Por ora, agradeça pelo que recebeu e encerre.

PALAVRAS-CHAVE PARA AS CARTAS DE INTERPRETAÇÃO

Exu: confuso

Ogum: forte

Oxóssi: mutável

Xangô: próspero

Omulu: restrição

Oxalá: paz

Iansã: revolução
Iemanjá: beleza
Oxum: expansão
Nanã: segurança
Euá: harmonia
Obá: tristeza
Ossãe: equilíbrio
Oxumaré: intriga
Logum Edé: leveza
Ibeijis: renovação

Você tem 16 palavras-chave que, aliadas aos 16 temas, geram 256 possibilidades combinatórias.

Para ajudar nas suas interpretações iniciais, vou apresentar 256 frases básicas que podem ser construídas com cada par de palavras-chave. No entanto, peço que não se limite a elas; crie suas próprias frases.

Nas combinações a seguir, você deve sempre ver a palavra-chave do tema e a palavra-chave da carta sorteada e depois ampliar a interpretação, lendo tudo o que há no livro sobre o Orixá dessa última carta.

COMBINAÇÕES COM EXU
Tema: a vida espiritual

Exu/Exu: vida espiritual confusa.
Exu/Ogum: a vida espiritual está forte.

Exu/Oxóssi: a vida espiritual passará por uma mudança.

Exu/Xangô: a vida espiritual prospera.

Exu/Omulu: a vida espiritual terá restrição.

Exu/Oxalá: a vida espiritual está em paz.

Exu/Iansã: a vida espiritual passará por uma revolução.

Exu/Iemanjá: a vida espiritual está bela.

Exu/Oxum: a vida espiritual está em expansão.

Exu/Nanã: a vida espiritual está em segurança.

Exu/Euá: a vida espiritual tem harmonia.

Exu/Obá: a vida espiritual traz uma tristeza.

Exu/Ossãe: a vida espiritual está em equilíbrio.

Exu/Oxumaré: a vida espiritual traz intrigas.

Exu/Logum Edé: a vida espiritual é leve.

Exu/Ibeijis: a vida espiritual terá novidades.

COMBINAÇÕES COM OGUM
Tema: moradia

Ogum/Exu: na moradia haverá confusão.

Ogum/Ogum: a moradia está forte.

Ogum/Oxóssi: a moradia vai mudar.

Ogum/Xangô: moradia próspera.

Ogum/Omulu: moradia com restrição.

Ogum/Oxalá: a moradia está em paz.

Ogum/Iansã: moradia em revolução.

Ogum/Iemanjá: moradia bela.
Ogum/Oxum: moradia em expansão.
Ogum/Nanã: moradia segura.
Ogum/Euá: moradia em harmonia.
Ogum/Obá: moradia com tristeza.
Ogum/Ossãe: moradia equilibrada.
Ogum/Oxumaré: morada com intrigas.
Ogum/Logum Edé: moradia com leveza.
Ogum/Ibeijis: moradia com novidades.

COMBINAÇÕES COM OXÓSSI
Tema: mudança

Oxóssi/Exu: a mudança traz confusão.
Oxóssi/Ogum: mudança de casa.
Oxóssi/Oxóssi: mudança com certeza.
Oxóssi/Xangô: mudança na prosperidade.
Oxóssi/Omulu: mudança que traz restrições.
Oxóssi/Oxalá: mudança que traz paz.
Oxóssi/Iansã: mudança que traz revolução.
Oxóssi/Iemanjá: mudança que traz beleza.
Oxóssi/Oxum: mudança que traz expansão.
Oxóssi/Nanã: mudança que traz segurança.
Oxóssi/Euá: mudança que traz harmonia.
Oxóssi/Obá: mudança que traz tristeza.

Oxóssi/Ossãe: mudança que traz equilíbrio.

Oxóssi/Oxumaré: mudança que traz intriga.

Oxóssi/Logum Edé: mudança que traz leveza.

Oxóssi/Ibeijis: mudança que traz renovação.

COMBINAÇÕES COM XANGÔ

Tema: finanças

(Leia também tudo o que há sobre dinheiro no texto do segundo Orixá)

Xangô/Exu: finanças confusas.

Xangô/Ogum: finanças fortes.

Xangô/Oxóssi: finanças mutáveis.

Xangô/Xangô: finanças garantidas.

Xangô/Omulu: finanças com restrições.

Xangô/Oxalá: finanças em paz.

Xangô/Iansã: as finanças passarão por revolução.

Xangô/Iemanjá: as finanças estão uma beleza.

Xangô/Oxum: finanças em expansão.

Xangô/Nanã: as finanças trazem segurança.

Xangô/Euá: finanças em harmonia.

Xangô/Obá: as finanças trazem tristeza.

Xangô/Ossãe: finanças equilibradas.

Xangô/Oxumaré: as finanças trazem intrigas.

Xangô/Logum Edé: finanças com leveza.

Xangô/Ibeijis: as finanças passarão por renovação.

COMBINAÇÕES COM OMULU
Tema: saúde

(Leia também tudo o que há sobre saúde no texto do segundo Orixá)

Omulu/Exu: saúde confusa.

Omulu/Ogum: saúde forte.

Omulu/Oxóssi: saúde mutável.

Omulu/Xangô: a saúde traz prosperidade.

Omulu/Omulu: saúde com restrições.

Omulu/Oxalá: saúde em paz.

Omulu/Iansã: a saúde passará por uma revolução.

Omulu/Iemanjá: a saúde traz beleza.

Omulu/Oxum: saúde em expansão.

Omulu/Nanã: saúde segura.

Omulu/Euá: saúde em harmonia.

Omulu/Obá: a saúde traz tristeza.

Omulu/Ossãe: saúde em equilíbrio.

Omulu/Oxumaré: saúde afetada por intrigas.

Omulu/Logum Edé: saúde e leveza.

Omulu/Ibeijis: a saúde passa por uma renovação.

COMBINAÇÕES COM OXALÁ
Tema: bênção

> Oxalá/Exu: bênção que acaba com a confusão.
>
> Oxalá/Ogum: bênção que fortalece.
>
> Oxalá/Oxóssi: bênção que traz mudanças.
>
> Oxalá/Xangô: bênção que traz prosperidade.
>
> Oxalá/Omulu: bênção sobre uma restrição (de saúde).
>
> Oxalá/Oxalá: bênção que traz paz.
>
> Oxalá/Iansã: bênção que traz revolução.
>
> Oxalá/Iemanjá: bênção que traz beleza.
>
> Oxalá/Oxum: bênção que traz expansão.
>
> Oxalá/Nanã: bênção que traz segurança.
>
> Oxalá/Euá: bênção que traz harmonia.
>
> Oxalá/Obá: bênção que acaba com uma tristeza.
>
> Oxalá/Ossãe: bênção que traz equilíbrio.
>
> Oxalá/Oxumaré: bênção que acaba com uma intriga.
>
> Oxalá/Logum Edé: bênção que traz leveza.
>
> Oxalá/Ibeijis: bênção que traz renovação.

COMBINAÇÕES COM IANSÃ
Tema: algo oculto

> Iansã/Exu: algo oculto traz confusão.
>
> Iansã/Ogum: algo oculto traz força.

Iansã/Oxóssi: algo oculto traz mudanças.
Iansã/Xangô: algo oculto traz prosperidade.
Iansã/Omulu: algo oculto traz restrições.
Iansã/Oxalá: algo oculto traz paz.
Iansã/Iansã: algo oculto traz revolução.
Iansã/Iemanjá: algo oculto traz beleza.
Iansã/Oxum: algo oculto traz expansão.
Iansã/Nanã: algo oculto traz segurança.
Iansã/Euá: algo oculto traz harmonia.
Iansã/Obá: algo oculto traz tristeza.
Iansã/Ossãe: algo oculto traz equilíbrio.
Iansã/Oxumaré: algo oculto traz intriga.
Iansã/Logum Edé: algo oculto traz leveza.
Iansã/Ibeijis: algo oculto traz renovação.

COMBINAÇÕES COM IEMANJÁ
Tema: viagem

Iemanjá/Exu: viagem confusa.
Iemanjá/Ogum: viagem fortalecida.
Iemanjá/Oxóssi: mudanças em viagem.
Iemanjá/Xangô: viagem próspera.
Iemanjá/Omulu: viagem com restrições.
Iemanjá/Oxalá: viagem em paz.
Iemanjá/Iansã: viagem que traz revolução.

Iemanjá/Iemanjá: viagem com beleza.
Iemanjá/Oxum: viagem com expansão.
Iemanjá/Nanã: viagem em segurança.
Iemanjá/Euá: viagem em harmonia.
Iemanjá/Obá: viagem que traz tristeza.
Iemanjá/Ossãe: viagem equilibrada.
Iemanjá/Oxumaré: viagem que traz intriga.
Iemanjá/Logum Edé: viagem com leveza.
Iemanjá/Ibeijis: viagem que traz renovação.

COMBINAÇÕES COM OXUM
Tema: amor

(Leia também tudo o que há sobre o amor no texto do segundo Orixá)

Oxum/Exu: amor confuso.
Oxum/Ogum: amor forte.
Oxum/Oxóssi: amor mutável.
Oxum/Xangô: amor próspero.
Oxum/Omulu: amor com restrições.
Oxum/Oxalá: amor em paz.
Oxum/Iansã: amor em revolução.
Oxum/Iemanjá: amor com beleza.
Oxum/Oxum: amor em expansão.

Oxum/Nanã: amor em segurança.
Oxum/Euá: amor em harmonia.
Oxum/Obá: amor com tristeza.
Oxum/Ossãe: amor em equilíbrio.
Oxum/Oxumaré: amor com intriga.
Oxum/Logum Edé: amor com leveza.
Oxum/Ibeijis: amor passando por renovação.

COMBINAÇÕES COM NANÃ
Tema: propriedades

Nanã/Exu: propriedades trazem confusão.
Nanã/Ogum: propriedades são fortalecidas.
Nanã/Oxóssi: propriedades em mutação.
Nanã/Xangô: propriedades trazem prosperidade.
Nanã/Omulu: propriedades com restrições.
Nanã/Oxalá: propriedades trazem paz.
Nanã/Iansã: propriedades trazem revolução.
Nanã/Iemanjá: propriedades com beleza.
Nanã/Oxum: propriedades em expansão.
Nanã/Nanã: propriedades em segurança.
Nanã/Euá: propriedades em harmonia.
Nanã/Obá: propriedades trazem tristeza.
Nanã/Ossãe: propriedades em equilíbrio.

Nanã/Oxumaré: propriedades trazem intriga.

Nanã/Logum Edé: propriedades com leveza.

Nanã/Ibeijis: propriedades passando por renovação.

COMBINAÇÕES COM EUÁ

Tema: associação

Euá/Exu: associação confusa.

Euá/Ogum: associação forte.

Euá/Oxóssi: associação mutável.

Euá/Xangô: associação com prosperidade.

Euá/Omulu: associação com restrições.

Euá/Oxalá: associação em paz.

Euá/Iansã: associação que traz revolução.

Euá/Iemanjá: associação que traz beleza.

Euá/Oxum: associação que traz expansão.

Euá/Nanã: associação segura.

Euá/Euá: associação em harmonia.

Euá/Obá: associação que traz tristeza.

Euá/Ossãe: associação equilibrada.

Euá/Oxumaré: associação que traz intriga.

Euá/Logum Edé: associação leve.

Euá/Ibeijis: associação que traz renovação.

COMBINAÇÕES COM OBÁ
Tema: contratempos

> Obá/Exu: contratempos trazem confusão.
>
> Obá/Ogum: contratempos são resolvidos com força.
>
> Obá/Oxóssi: contratempos seguidos de mudanças.
>
> Obá/Xangô: contratempos seguidos de prosperidade.
>
> Obá/Omulu: contratempos trazem restrições.
>
> Obá/Oxalá: contratempos seguidos de paz.
>
> Obá/Iansã: contratempos geram revolução.
>
> Obá/Iemanjá: contratempos seguidos de beleza.
>
> Obá/Oxum: contratempos seguidos de expansão.
>
> Obá/Nanã: contratempos seguidos de segurança.
>
> Obá/Euá: contratempos seguidos de harmonia.
>
> Obá/Obá: contratempos que trazem tristeza.
>
> Obá/Ossãe: contratempos que trazem equilíbrio.
>
> Obá/Oxumaré: contratempos que trazem intrigas.
>
> Obá/Logum Edé: contratempos seguidos leveza.
>
> Obá/Ibeijis: contratempos que trazem renovação.

COMBINAÇÕES COM OSSÃE
Tema: cura

(Leia também tudo o que há sobre saúde no texto do segundo Orixá)

Ossãe/Exu: cura que afasta a confusão.

Ossãe/Ogum: cura usando sua força.

Ossãe/Oxóssi: cura por meio da mudança.

Ossãe/Xangô: cura que traz prosperidade.

Ossãe/Omulu: cura por meio de restrições.

Ossãe/Oxalá: cura se ficar em paz.

Ossãe/Iansã: cura se promover revolução.

Ossãe/Iemanjá: cura que traz beleza.

Ossãe/Oxum: cura com expansão.

Ossãe/Nanã: cura com segurança.

Ossãe/Euá: cura com harmonia.

Ossãe/Obá: cura se afastar a tristeza.

Ossãe/Ossãe: cura com equilíbrio.

Ossãe/Oxumaré: cura se afastar as intrigas.

Ossãe/Logum Edé: cura com leveza.

Ossãe/Ibeijis: cura se houver renovação.

COMBINAÇÕES COM OXUMARÉ
Tema: oposição

Oxumaré/Exu: oposição gera confusão.

Oxumaré/Ogum: oposição forte.

Oxumaré/Oxóssi: oposição que pode mudar.

Oxumaré/Xangô: oposição à prosperidade.

Oxumaré/Omulu: oposição a restrições.
Oxumaré/Oxalá: oposição à paz.
Oxumaré/Iansã: oposição com revolução.
Oxumaré/Iemanjá: oposição à beleza.
Oxumaré/Oxum: oposição à expansão.
Oxumaré/Nanã: oposição à segurança.
Oxumaré/Euá: oposição à harmonia.
Oxumaré/Obá: oposição que traz tristeza.
Oxumaré/Ossãe: oposição ao equilíbrio.
Oxumaré/Oxumaré: oposição com intrigas.
Oxumaré/Logum Edé: oposição à leveza.
Oxumaré/Ibeijis: oposição à renovação.

COMBINAÇÕES COM LOGUM EDÉ
Tema: amizades

Logum Edé/Exu: amizades confusas.
Logum Edé/Ogum: amizades fortes.
Logum Edé/Oxóssi: amizades passando por mudança.
Logum Edé/Xangô: amizades prósperas.
Logum Edé/Omulu: amizades com restrições.
Logum Edé/Oxalá: amizades em paz.
Logum Edé/Iansã: amizades em revolução.
Logum Edé/Iemanjá: amizades com beleza.

Logum Edé/Oxum: amizades em expansão.
Logum Edé/Nanã: amizades em segurança.
Logum Edé/Euá: amizades em harmonia.
Logum Edé/Obá: amizades com tristeza.
Logum Edé/Ossãe: amizades equilibradas.
Logum Edé/Oxumaré: amizades com intriga.
Logum Edé/Logum Edé: amizades com leveza.
Logum Edé/Ibeijis: amizades renovadas.

COMBINAÇÕES COM IBEIJIS
Tema: novidades

Ibeijis/Exu: novidades ou filhos confusos.
Ibeijis/Ogum: novidades ou filhos fortes.
Ibeijis/Oxóssi: novidades ou filhos passando por mudança.
Ibeijis/Xangô: novidades ou filhos prósperos.
Ibeijis/Omulu: novidades ou filhos com restrições.
Ibeijis/Oxalá: novidades ou filhos em paz.
Ibeijis/Iansã: novidades ou filhos em revolução.
Ibeijis/Iemanjá: novidades ou filhos com beleza.
Ibeijis/Oxum: novidades ou filhos em expansão.
Ibeijis/Nanã: novidades ou filhos em segurança.
Ibeijis/Euá: novidades ou filhos em harmonia.
Ibeijis/Obá: novidades ou filhos com tristeza.

Ibeijis/Ossãe: novidades ou filhos em equilíbrio.

Ibeijis/Oxumaré: novidades ou filhos com intrigas.

Ibeijis/Logum Edé: novidades ou filhos com leveza.

Ibeijis/Ibeijis: novidades ou filhos em renovação.

Outra maneira de usar as duplas de cartas

Agora que já entendeu como atuam as duplas de cartas (a primeira dando o tema e a segunda fornecendo a interpretação), você vai conhecer uma segunda forma de usar o oráculo. Esse método vai ser útil quando você quiser obter uma informação apenas sobre um determinado assunto.

Escolha o tema sobre o qual quer receber uma informação, selecionando-o na lista de palavras-chave abaixo. Essa é a mesma lista de palavras-chave que foi usada no sistema anterior de consulta, mas agora está um pouco ampliada:

Exu: vida espiritual

Ogum: moradia ou pai

Oxóssi: mudança, estudo

Xangô: finanças ou trabalho

Omulu: saúde ou avós

Oxalá: bênção, paz

Iansã: oculto, disputa

Iemanjá: viagem, mudança

Oxum: amor, alimentação
Nanã: propriedades ou mãe, velhice
Euá: associação e casamento
Obá: contratempo ou dívidas
Ossãe: cura, equilíbrio
Oxumaré: oposição ou inimigos
Logum Edé: amizades ou vida social
Ibeijis: novidade ou filhos

Para consultar o oráculo, pegue a carta do Orixá que corresponde ao tema sobre o qual você deseja obter informações. Coloque essa carta à sua frente e mentalize o que quer saber.

Em seguida, coloque essa carta junto com as outras e embaralhe. Espalhe as cartas diante de si e tire uma ao acaso. Essa carta fará dupla com a carta anterior, que estava relacionada com o tema. É só você formar uma frase ou ler a interpretação da dupla de Orixás para ter a informação que procura.

Por exemplo, você quer saber sobre amor. Comece com a carta de Oxum, cuja palavra-chave do tema é **amor**, fazendo a ela uma pergunta. Coloque a carta de Oxum junto com as outras e embaralhe. Tire uma carta ao acaso. Vamos imaginar que tenha tirado a carta de Ibeijis. Sua palavra-chave é **renovação**. Junte numa frase as palavras-chave **amor** e **renovação**, para ter a resposta que busca.